国家民委重点学科社会学一级学科建设项目资助

西北城市农民工市民化研究

——基于LZ市的调查

刘荣 著

中国社会科学出版社

图书在版编目(CIP)数据

西北城市农民工市民化研究：基于LZ市的调查/刘荣著. —北京：中国社会科学出版社，2016.9
ISBN 978-7-5161-9012-8

Ⅰ.①西⋯ Ⅱ.①刘⋯ Ⅲ.①民工—城市化—研究—西北地区 Ⅳ.①D422.64

中国版本图书馆CIP数据核字(2016)第237637号

出 版 人	赵剑英
责任编辑	田　文
特约编辑	丁　云
责任校对	张爱华
责任印制	王　超

出　　版	中国社会科学出版社
社　　址	北京鼓楼西大街甲158号
邮　　编	100720
网　　址	http://www.csspw.cn
发 行 部	010-84083685
门 市 部	010-84029450
经　　销	新华书店及其他书店
印　　刷	北京君升印刷有限公司
装　　订	廊坊市广阳区广增装订厂
版　　次	2016年9月第1版
印　　次	2016年9月第1次印刷
开　　本	710×1000　1/16
印　　张	14.25
字　　数	201千字
定　　价	55.00元

凡购买中国社会科学出版社图书，如有质量问题请与本社营销中心联系调换
电话：010-84083683
版权所有　侵权必究

所谓"农民工"及其西北民族地区
——序刘荣新作

刘荣的学术专著即将出版面世，作为高教界这块层面上的际遇者，我又见证了他学术成长过程里的首个金秋收获，这自然是高兴之事，于是扯几句圈子里的感触，应不至于是"无病呻吟"之类乎。

作者刘荣，于西北师范大学攻读硕士学位，教学实践几年后，又追随于中国人民大学社会学著名教授郑杭生先生攻读社会学博士学位。郑先生生前从年龄上讲是我的好友之一，但从社会学专业上讲实属我的兄长辈。我们两个人和所在的两校之间，一直交流互助不断。郑先生热心支持西北民族大学社会学学科建设和人才培养。2011 年刘荣考入华中师范大学社会学院跟随郑先生学习理论社会学及其应用，2014 年按期毕业回到我校继续任教，是我校社会学学科的骨干教师之一。

"农民工问题"在中国是一个大问题。（大不大？先看一组数据就明白了：据中国经济网北京 2015 年 2 月 29 日讯，国家统计局发布国民经济和社会发展统计公报。数据显示，2015 年，全国农民工总量为 27747 万人，比上年增长 1.3%。其中，外出农民工为 16884 万人，增长 0.4%；本地农民工为 10863 万人，增长 2.7%。）

的确,"农民工问题"是中国现代化进程中出现的本土社会现象,关于其"问题"的相关研究,也是当前中国社会转型过程中具有重要意义的现实问题。在新型城镇化推进过程中,如能尽快顺利实现农民工市民化,解决城乡二元体制带来的弊端,提升城镇化的质量和水平,对于促进全面建成小康社会具有非常重要的意义。——这也是社会学本体课题的要义之一。从空间来看,中国西北民族地区作为中国经济社会欠发达地区,受其城镇化质量和水平限制以及城市承载能力的局限,在全面建设小康社会中,农民工市民化问题难度更大——这,无可置疑又何止属于农民工市民化任务更加艰巨之类的"一般问题"?在我们专事于少数民族的研究者看来,就又要涉及所谓"中国特色"的问题和意义来,这就会黏连上更多方面的内容和学术探索。因此,运用社会学的理论和方法,甚至跨学科的视野,去面对、研究西北民族地区社会发展过程中的"农民工问题",不仅具有多重的理论价值和现实意义,同时,更有可能开拓出饶具兴趣的中国现代化过程中纷繁多彩的实践经验来。

该书以社会运行学派理论为研究主线,以"社会转型论"和"社会互构论"为理论基础,直面中国社会转型这一基本事实,把农民工市民化放置在现代性全球化和当代中国社会急剧转型的过程中,用社会转型论分析中国社会发展的历史背景和现实基础,以社会互构论分析农民工、国家(政府)、社会和市民的多重互构谐变,它们如何形塑,同构共生,形成新市民,养成市民性,进而探索农民工市民化过程中出现的不同类型或模式。通过对 LZ 市的实地研究,以迁入西北城市的农民工为主要研究对象,从微观层面重点阐述了作为社会行动主体的农民工及其与国家和市民的互构共变关系,农民工的"现代性成长"过程和市民性构建过程,提出了农民工的"代际市民化"和"差序市民化"两种模式(或类型)。

❖ 所谓"农民工"及其西北民族地区 ❖

作者运用社会学理论体系和 LZ 社会实际从检测、验证、分析、论证等等"互动"的结果来看，该研究有以下几个特点：

第一，这项研究的选题，"问题"意识明确，可以看作是对老问题的一个新探索。农民工市民化是一个复杂的过程，以 LZ 市的实地调研为基础，将农民工这一数量庞大的群体，放在面临世界现代性全球化的长波进程和本土社会急剧转型的特殊脉动这样一种二维视野中考察，探索国家、市场和个人在农民工市民化过程中，农民工个人、国家和市民等社会行动主体关系的互构共变关系，互构主体、互构时空和互构效应，探讨在"社会实践结构性巨变"下，农民工的"现代性成长"的逻辑。尽管书中的一些观点仍然需要进一步阐述和探索，但这种研究方式值得肯定。

第二，该书研究思路清晰。农民工群体内部的分化与转型，个体化社会中老一代农民工、新生代农民工并存，相比而言，老一代和新生代农民工在受教育程度，对土地的依恋，外出打工的动机，对未来的预期等方面存在代际差异。在新型城镇化推进过程中，农民工市民化需要通过代际之间的共同努力来实现。我国东、西部社会发展极度不平衡，生态环境和地域空间差别的存在使得农民工市民化具有差序特点，可根据差异化程度的大小，因地制宜，优先考虑具备支付市民化财力的地区，或者说以某一个中心城市为原点，向周边进行市民化扩散，由近及远的实现市民化。

第三，该书运用社会运行论、社会转型论及社会互构论的视角来分析农民工问题，以中国特色社会学理论阐释本土现实问题，探索不同地域农民工市民化的模式，丰富了市民化研究的理论视野，能为合理、有序推进农业转移人口市民化政策取向上提出差别化的政策建议，形成农民工市民化研究的"地方经验"。

当然，如果从选点——LZ，这个空间的个性来看（以整体西北民族地区城市的视野），联系它在整个大区域的地缘特征和历史区域的民族史迹，我们就会发现一个更广大、更生动丰富的"世界"：比如为什么是市内"东乡村"，而非市内"裕固村"；进入牧区打工者，为什么往往是汉人较多，而牧民打工者的特点又呈现在哪些方面？等等。加上刘荣还是一名青年学者，虽系血气方刚，终归深入民族地区尚有不足，如作学科交叉（民族学）研究，当前仍存困难，自然是可以理解的。

这样来要求，本书存在一些不足之处，留下了有待提升的空间，我想作者会在下一步围绕西北地区农民工、流动人口相关的问题继续深化研究，作者的新成果，一定是指日可待的。

是为序。

2016年7月暑夏于龙尾山下沙痕书屋

中文摘要

当代中国正处于社会转型急剧加速时期,改革开放政策的实施,解放了农民,调动了农民的生产积极性和主动性。但计划经济体制下,城乡二元社会结构的存在和户籍制度的限制,使得农民工现象及农民工问题成为当前学术界和政界共同关注的大问题。

农民工的出现表面上看是城乡二元的户籍制度造成的,实际上还有更深层面的结构制约。长期以来的城乡户籍制度,隔断了城市间、城市和乡村间正常的人口迁移,妨碍着中国人口向城市的聚集,使得我国的城市化水平一直偏低,且与工业化脱节,造成了农村剩余劳动力涌向城市的强大势能,由此形成了农民工问题。新世纪以来,为了打破城乡二元社会结构,缩小地区发展不平衡和贫富不均问题,我国提出了促进区域协调发展,统筹城乡一体化,坚持走新型工业化、信息化、农业现代化和积极稳妥推进新型城市化的"四化同步"的道路。在推进新型城市化进程中,有序推进农业转移人口市民化,成为当前社会转型期我们必须面对的一个重要现实问题。

以 LZ 市的实地研究为例,将农民工这一数量庞大的群体,放在面临世界现代性全球化的长波进程和本土社会急剧转型的特殊脉动这样一种二维视野中,考察农民工群体作为社会主体的一部分,他们"现代性的成长"过程和市民性的获得。农民工、国家、市场和市民在不断地互动中如何成长，参与城市公共生活获得自身市民权利的，培养自己的市民性。研究以社会运行学派的理论为基本主线，直面中国社会转型这一基本事实，用社会转型论分析中国社会发展的历史背景和现实基础，在社会互构论的理论框架下，探索国家、市场和个人在农民工市民化过程中，农民工个人、国家和市民等社会行动主体关系的互构共变，互构主体、互构时空和互构效应，探讨在"社会实践结构性巨变"下，农民工的"现代性成长"的逻辑。

社会结构转型带来了农民工群体内部的分化与转型，个体化社会中老一代农民工、新生代农民工并存，但这两个群体种种差异的存在，使得农民工市民化不是一蹴而就的，不可能同时实现市民化。相比老一代农民工而言，新生代农民工的市民化意愿和能力都很强。相比而言，老一代和新生代农民工在受教育程度，对土地的依恋，外出打工的动机，对未来的预期等方面存在代际差异。在新型城镇化推进过程中，农民工市民化可能也需要通过代际之间的共同努力来实现。这种通过代际间实现的市民化，就是农民工的代际市民化。

农民向市民的转化是现代化过程中的一个特定阶段，是属于整体现代化的一个重要组成部分。但我国是一个东西部差距过大、社会发展极度不平衡的发展中农业大国，在新型城市化推进过程中，国家的发展战略虽然向西转移，但东部地区的发展依然快于西部地区，生态环境和地域空间差别的存在，使得农民工市民化也不可能在全国同时实现。正是由于现代化过程具有一定的时序模式，所以，农民工市民化不可能在某一时段整体实现。和现代化具有时序模式一样，农民工市民化也将具有一定的差序特点，应该根据差异化程度的大小，因地制宜，优先考虑具备支付市民化财力的地区，或者说以某一个中心城市为原点，向周边进行市民化扩散，由近及远地实现市民化。这种不同时间段实现的市民化就是农民工的差序市民化。

在当今世界社会和当代中国社会双重急剧转型过程中，农民工市民化就是农民工、国家、市场等其他社会行动主体关系的互构共变，他们相互形塑着对方。在中国社会经历从旧式现代性向新型现代性转型的过程中，农民工个人也正在经历着从旧式现代性向新型现代性的转型过程。换言之，农民工市民化就是农民工的"现代性不断成长"过程。在农民工个人的"现代性不断成长"的累积过程中，农民工个人的独立性、自主性日益增强，得到表达并逐渐内化于个人心理，市民性得以养成，农民工实现市民化。

关键词：新型城市化；农民工市民化；代际市民化；差序市民化；西北城市；社会互构论

Abstract

Contemporary China is in a period of dramatically accelerated social transition. The opening-up reform, while liberating the peasants, has enhanced their consciousness of and enthusiasm towards production. However, the limitations caused by our urban-rural binary social structure and that of household registration system make the issue of migrant workers a big problem and common concern in academia and politics.

The emerge of migrant workers on the surface seems to be contributed by the household registration system based on the urban-rural binary opposition. It, however, can be linked with structure limits in a deeper sense. The long-term urban-rural household registration system has prohibited the normal migration both between cities and between cities and rural areas, hindering a large population from gathering towards cities, which has led to the continuous lower level of our urbanization and its disassociation with industrialization. The lower urbanization level in turn resulted in the great potential of our surplus rural labor rushing into cities, hence the issue of migrant workers.

Since the new century, in order to break away from the urban-rural binary structure, decrease the regional development imbalance and reduce uneven distribution of wealth, our country has presented the "four approaches": promoting coordinated regional development, integrating urban and rural development, adhering to the new industrialization, informationalization, agricultural modernization and new urbanization. In the process of promoting the new urbanization, orderly transferring of the citizenization of the agricultural population has become an important problem and a reality confronting us during our current social transition.

This study mainly takes the field study of LZ as an example. A huge number of migrant workers are put in a two-dimensional vision where they are faced with a special pulsating wave process of the globalization of world modernity and rapid transition of our local community. This study examines the process of migrant workers' "growth of modernity" and the obtaining of their consciousness of citizenship, as a part of the social body. It also examines how migrant workers, the state, market and the citizens grow in constant interaction, how they participate in cities' public life to get their rights as citizens and develop their own civility. In this study, the theory of social operation school is the main line. This research confronts the basic fact that China is under social transition, analyzes the historical background and realistic basis for the development of Chinese society with the Social Transformation Theory, explores the mutual-construction and covariant relationship, the mutual-construction subject, the mutual-construction time and space, and the interaction effect of the social actors, i.e. individual migrant workers, the state, citizens, etc. in the process of migrant workers' citizenization with the theoretical basis of social mutual-construction. This dissertation also explores the logics of migrant workers' "growth of modernity" under the "structural changes of social practice".

This study assumes that the transformation of social structure has contributed to the split and transformation inside the migrant-worker

❖ Abstract ❖

group, the co-existence of migrant workers of older and younger generations. However, the various differences between these two groups unable the citizenization of migrant workers to be an overnight process. Neither can it be completed simultaneously. Compared with the older group, migrant workers of younger generation have stronger will and ability of citizenization. The older and younger generations have sequential differences in education level, the attachment to land, the motives of working away from home, the anticipation for their future, etc. In the forwarding process of the new urbanization, it is very likely that migrant workers' citizenization needs to be accomplished with the co-efforts among sequences. This type of citizenization through sequences is thus referred to as the sequential citizenization of migrant workers. The transformation from peasants to citizens is a particular phase in the process of modernization, an important component of the integral modernization. However, our country is a agriculture-dominated developing country, where lie some much-too-great differences between the east and west parts, and the social development has been extremely imbalanced. Though in the promotion process of new urbanization, our country's development strategy has turned towards the west part, the development in the east part is still eminently more rapid. The ecological, environmental and regional differences have prohibited the citizenization of migrant workers from being simultaneously accomplished in the whole nation.

Influenced by the time-and-sequence mode in the modernization process, migrant workers' citizenization is impossible to be wholly completed in a certain period of time. Resembling modernization, migrant workers' citizenization will contain certain differential and sequential characteristics. Therefore, it is reasonable to specify their citizenization according to the extent of their differences, considering priorly the regions capable of financial support for the citizenization of migrant workers. Or, to put in another way, firstly a central city should be regarded as a starting point for their citizenization, and then gradually from hither to thither it can be widely spread and completed. This type of citizenization with different time periods is the differential and sequential citizenization of migrant workers.

In the process of the rapid dual transitions of both the contemporary world society and the contemporary Chinese society, the citizenization of migrant workers is the mutual-construction co-variant relationship among migrant workers, the state, the market and also other social actors. They shape each other. Along with the transition of Chinese society from the old modernity to the new modernity, individual migrant workers are also undergoing the same transition. In other words, migrant workers' citizenization is the process of their'constant growth of modernity'. In this accumulative process of their individual "constant growth of modernity", their individual independence and autonomy gradually increase, are expressed and also become embedded in their inner mind. Thus their civility are fostered and their citizenization accomplished.

Key words: New Urbanization; Citizenization of Migrant Workers; Intergeberational Citizenization; Differential and Sequential Mode of Citizenization; Northwestern Cities; Social Mutual-Construction Theory

目　录

导　论 …………………………………………………………（1）
　一　问题的提出及研究意义 ………………………………（1）
　　（一）问题的提出 ………………………………………（1）
　　（二）研究的意义 ………………………………………（8）
　二　理论视角和研究思路 …………………………………（10）
　　（一）理论视角 …………………………………………（10）
　　（二）研究思路 …………………………………………（13）
　三　核心概念及分析单位 …………………………………（13）
　　（一）农民工 ……………………………………………（13）
　　（二）农民工市民化 ……………………………………（15）
　　（三）分析单位 …………………………………………（16）
　四　研究方法及田野概况 …………………………………（16）
　　（一）研究方法 …………………………………………（16）
　　（二）田野地概况 ………………………………………（18）

第一章　农民工市民化研究文献述评 ………………………（20）
　一　国内农民工及农民工市民化研究 ……………………（20）
　　（一）农民工的相关研究 ………………………………（20）
　　（二）农民工市民化研究 ………………………………（28）

二　国外劳动力及迁移相关研究简述……………………（38）
　　（一）关于社会流动和人口迁移的研究　…………（39）
　　（二）部分海外中国学者对农民工的研究　………（43）
三　简要评价……………………………………………（44）

第二章　特定时空背景下的农民工……………………（47）
　一　农民工的历史与现状………………………………（47）
　　（一）农村流动人口概述　…………………………（47）
　　（二）现阶段的农民工及其特点　…………………（50）
　二　转型加速期农民工群体的结构……………………（52）
　　（一）农民工群体的基本特点　……………………（52）
　　（二）农民工的人口特征　…………………………（55）
　　（三）农民工群体类型及分化　……………………（56）
　三　西北城市农民工的类型……………………………（60）
　　（一）农民工的大致类型　…………………………（60）
　　（二）农民工自身素质状况　………………………（62）

第三章　农民工市民化的宏观背景……………………（66）
　一　农民工市民化的时代背景…………………………（66）
　　（一）经济体制的转轨　……………………………（66）
　　（二）社会结构的急剧转型　………………………（67）
　二　农民工市民化的制度变迁…………………………（70）
　　（一）农民工流动的政策变化　……………………（70）
　　（二）户籍制度的变迁　……………………………（77）
　　（三）土地制度　……………………………………（83）
　　（四）社会保障制度　………………………………（86）
　三　农民工市民化的历史推进…………………………（88）
　　（一）中国城市化的发展演变　……………………（88）

（二）城市化的阶段性特征与农民工市民化 ………… (91)
　　（三）西北地区的城市化质量与农民工市民化 …… (94)

第四章 农民工市民化的微观意愿和能力体现 ………… (97)
　一 农民工市民化的意愿及其影响因素 ………… (97)
　　（一）农民工市民化意愿的代际差异 ………… (99)
　　（二）农民工市民化意愿的地域差异 ………… (106)
　二 农民工市民化的能力体现 ………… (114)
　　（一）农民工的就业 ………… (114)
　　（二）农民工的人际交往 ………… (117)
　　（三）农民工的城市社区生活 ………… (119)
　　（四）农民工的城市适应 ………… (122)

第五章 农民工市民化多重关系的互构逻辑 ………… (125)
　一 社会互构论的主要观点 ………… (126)
　二 社会转型的现实与个体化社会的兴起 ………… (127)
　　（一）西北地域空间现实与城市化制度之变迁 …… (127)
　　（二）个体化社会中的农民工 ………… (130)
　三 农民工市民化过程中的国家与市场 ………… (131)
　　（一）农民工市民化过程中国家政策嵌入 ………… (131)
　　（二）农民工市民化过程中的市场机制影响 ……… (135)
　四 国家、市场和农民工互构共变的逻辑 ………… (138)
　　（一）农民工市民化过程的互构主体 ………… (141)
　　（二）农民工市民化的互构时空 ………… (148)
　　（三）农民工市民化的不确定性互构效应 ………… (152)

第六章 结论与讨论 ………… (160)
　一 主要结论 ………… (161)

(一)代际市民化和差序市民化 …………………… (161)
　　(二)农民工的现代性成长 ………………………… (165)
　二　讨论与研究的不足 ……………………………… (167)
　　(一)几点讨论 ……………………………………… (168)
　　(二)研究的不足 …………………………………… (170)

附　录
　附录一　调查问卷 …………………………………… (171)
　附录二　访谈提纲 …………………………………… (179)
　附录三　怀念郑老师 ………………………………… (182)

参考文献 …………………………………………………… (193)
后　记 ……………………………………………………… (208)

导　　论

一　问题的提出及研究意义

（一）问题的提出

历史地看，中国是一个发展中农业大国，农业、农村和农民问题一直是中国社会发展中必须面对的重大问题。新中国成立初期，1949年年末中国总人口为54167万人，其中乡村人口为48402万人，约占全国总人口的89.36%，城镇人口为5765万人，约占全国人口的10.64%。① 即1949年末中国的城市化率约为10.64%左右。新中国成立初期，百废待兴，基本方针是在优先发展重工业的基础上，发展工业和农业。中国优先发展重工业方针的实施，需要大量的劳动力人口，农村居民可以任意迁徙至城市，并没有户口限制，人们迁徙自由。1954年《中华人民共和国宪法》颁布实施，其中第九十条明确规定"中华人民共和国公民有居住和迁

---

① 数据来源：国家统计局数据。1981年及以前人口数据为户籍统计数；1982年、1990年、2000年、2010年数据为当年人口普查数据推算数；其余年份数据为年度人口抽样调查推算数据。总人口和按性别分人口中包括现役军人，按城乡分人口中现役军人计入城镇人口。参见 http：//data.stats.gov.cn/workspace/index? a = q&type = global&dbcode = hgnd&m = hgnd&dimension = zb&code = A030101&region = 000000&time = 1949，1949。

徙的自由"①。但是随后而来的几年中，由于户口登记制度不健全和相关的城乡人口迁移、流动管理办法或条例不完善，大量农村人口迁移城市，甚至出现了农村人口盲目向城市流动，城市供给出现了明显不足，给城市的各项建设和城市人民的正常生活秩序带来许多困难，如交通拥挤、住房紧张、上学和就业困难，各种城市问题开始频现。同时由于大量农村劳动力外流，也影响了农业生产建设，出现农村劳动力短缺、城乡居民粮食供应不足，一定程度上影响了城乡居民基本生活需求。从长远看，这将会动摇我国社会稳定的基础，影响社会的运行与发展，也不利于我国的社会主义建设。

新中国成立后，为了维护治安，保障人民的安全及居住、迁徙自由，有关部门就制定了相应的城乡居民户口管理条款。如1951年7月16日经政务院批准，公安部公布了《城市户口管理暂行条例》。解放后三年来经济的恢复与发展和各项建设工作的展开，大部分人员已经实现了就业，改变了解放前帝国主义造成的大量失业现象。1952年8月6日发布并生效的《政务院关于劳动就业问题的决定》中明确指出，土地改革以后，农村劳动力有大量的剩余，而且"农村中的剩余劳动力目前是在无组织无计划地盲目地向城市流动着，这也增加了城市中的失业半失业现象……。城市与工业的发展，国家各方面建设的发展，将要从农村吸收整批的劳动力，但这一工作必须是有计划有步骤地进行……，故必须大力说服农民，以克服农民盲目地向城市流动的情绪"②。换言之，中央人民政府已经意识到了农村剩余劳动力的存在并开始制

---

① 《中华人民共和国宪法》（1954年9月20日）。1954年《宪法》是新中国成立以来的第一部宪法。该法1954年9月20日第一届全国人民代表大会第一次会议通过，1954年9月20日中华人民共和国第一届全国人民代表大会第一次会议主席团公布。1975年1月17日失效。

② 参见《政务院关于劳动就业问题的决定》，1952年8月6日发布实施。

导 论

定相应的政策，有计划地、逐步限制农村人口向城市盲目迁移。1958年1月9日经中华人民共和国第一届全国人民代表大会常务委员会第九十一次会议通过，由中华人民共和国主席毛泽东签发的主席令——《中华人民共和国户口登记条例》颁布实施。其中明确规定"公民由农村迁往城市，必须持有城市劳动部门的录用证明，学校的录取证明，或者城市户口登记机关的准予迁入的证明，向常住地户口登记机关申请办理迁出手续"①。但随后从时任公安部部长罗瑞卿所作《关于中华人民共和国户口登记条例草案的说明》的解释中可以进一步看出，《中华人民共和国户口登记条例》当中的这一条规定，实际上是"关于制止农村人口盲目流入城市的问题"明确限制。

尽管这一条例明显违背《中华人民共和国宪法》规定，但是为了国家稳定，减轻城市负担，1958年出台的《条例》严格禁止农村居民随意向城市迁移。随后而来的是三年困难时期，又进一步加剧了限制规定。"文革"期间，农村居民向城市的迁移基本是停滞的，中国的城市化也基本没有发展。城市化率不但没有上升，反而在一定时期还出现了"反向城市化"②。有关统计数据资料表明，1978年末中国总人口为96259万人。其中乡村人口是79014万人，约占全国人口的82.08%，城市人口是17245万人，约占全国总人口的17.92%③。因此，1978年末我国的城市化率还不到

---

① 全国人大常委会：《中华人民共和国户口登记条例》1958年1月9日。从时任公安部部长罗瑞卿所作《关于中华人民共和国户口登记条例草案的说明》看，《中华人民共和国户口登记条例》，是从我国当时的具体情况和实际需要出发，根据《中华人民共和国宪法》第四十九条第十二项"保护国家利益，维护公共秩序，保障公民权利"的精神制定的。
② 城市青年上山下乡运动，使得城市人口向农村有计划、有规模地迁移。
③ 数据来源：国家统计局网站。1981年及以前人口数据为户籍统计数；1982年、1990年、2000年、2010年数据为当年人口普查数据推算数；其余年份数据为年度人口抽样调查推算数据。总人口和按性别分人口中包括现役军人，按城乡分人口中现役军人计入城镇人口。参见 http://data.stats.gov.cn/workspace/index?a=q&type=global&dbcode=hgnd&m=hgnd&dimension=zb&code=A030102&region=000000&time=1978,1978。

18%。由此可见，新中国成立近 30 年来，尽管在民族独立、城乡基础设施建设和人民生活水平等方面取得了巨大的成就，但城市化进程是如此地缓慢，城乡居民流动几乎停滞，我国的综合国力不强，城乡居民收入水平低，城乡居民穿着打扮是灰色为主，这不仅影响着城乡居民的生活质量，而且影响着城乡居民的日常生活方式，更影响着中国在世界各国所处的地位，与中国人口众多、地域广袤、资源丰厚的社会主义大国形象不相适应。

1978 年底，党的十一届三中全会召开以后，伴随中国政府实施改革开放政策，事实上有部分相关的迁移、流动政策也开始逐渐松动，使中国大量的农村人口又一次向城市迁移的现象出现。主要原因，一是当时由于上山下乡的那部分人员开始返城；二是由于家庭联产承包责任制的推行，农村出现了剩余劳动力，城市生活质量优越和城市就业机会增多等各种条件的吸引，使这部分农村剩余劳动力向往城市生活，开始逐渐向城市流动。当然更为重要的是为了谋生，为了打工赚钱，增加家庭收入，贴补家用。

改革开放给中国带来翻天覆地的巨大变化，城市和农村的发展面临着前所未有的机遇和挑战。城市要发展，需要大量的劳动力，农村也由于家庭联产承包责任制的实施，出现了大量的农村剩余劳动力。但是，城市发展要大量劳动力，农村要发展也需要劳动力。应该说农民进城当工人，这符合当时社会发展的历史条件和发展状况的。由于"城乡二元"户籍制度的限制，这部分农村剩余劳动力在进城后，从事着非农生产，但户籍身份未变，还是农村户口。在当时的国情下只能当农民工。实际上，农民工的出现则是我国原先实行高度集中计划经济体制的弊端表现之一，而这一弊端的根源就是"城乡二元"的户籍制度。因此，中央政府对农村人口向城市的流动和迁移仍然是严格控制的。譬如，1981 年 10 月 17 日中共中央、国务院《关于广开门路，搞活经济，解决城镇就业问题的若干决定》规定："严格控制农村劳动力流入

❖ 导　论 ❖

城镇。对农村多余劳动力，要通过发展多种经营和兴办社队企业，就地适当安置，不使其涌入城镇。根据目前我国的经济情况，对于农村人口、劳动力迁进城镇，应当按照政策从严掌握。"1981年12月30日国务院发布的《关于严格控制农村劳动力进城做工和农业人口转为非农业人口的通知》中规定，要"引导农村多余劳动力在乡村搞多种经营，不要往城里挤。同时，要采取有效措施，严格控制农村劳动力进城做工和农业人口转为非农业人口。对农村人口迁入城镇要严格掌握。迁转户口要由公安机关统一办理，其他单位或个人都不得自行决定，自行审批"。因为非农人口的大量增加，会影响我国的国民经济结构的调整和城镇就业问题，也可能会影响我国的农业产业发展和农村社会的稳定。

中国是一个农业大国，与农业密切关联的就是农村和农民。而农民这一群体中，既有从事农耕的农民，又有农村户口的、从事非农工作的群体，这实际上出现了农民群体的内部分化。改革开放使得大量的农村剩余劳动力出现（后来出现"农民工"这一称谓，为行文方便，本书后面都称"农民工"），农民工成为这一群体在中国改革开放和社会发展进程中的特定称谓。农民工为中国城乡社会建设和发展作出了巨大贡献，但农民工这一群体今后向何处去？这一问题从他们一出现就引起了政府和学术界的广泛关注，但由于各种原因，这一问题仍未得到有效的解决。

农民工的出现表面上看是城乡二元户籍制度造成的，但如果真的取消城乡二元户籍制度，农民工问题就解决了，或农民工这一称谓就不存在了？也许事实远不是这么简单的。户籍制度关系着每一个人，同时也影响着社会秩序。长期以来，城乡分治的二元户籍制度，隔断了城市间、城市和乡村间正常的人口迁移，妨碍着中国人口向城市的聚集，使得我国的城市化水平一直偏低，且与工业化脱节。城乡户籍制度的分隔，造成了农村剩余劳动力涌向城市的强大势能。与此同时，我国国情所限，一方面城市建设和非农产业发展需要更多的劳动力；另一方面，因城市基础设施建设滞后，城市承载能力有限，为城市发展建设作出巨大贡献的农村剩余劳动力，在走出农村迈向城市的过程中，他们中的大部分人不能融入城市生活，不能顺利在城市落户，形成了城乡两栖的流动大军。由此逐渐形成了所谓的农民工问题。

2006年，国务院发布的《关于解决农民工问题的若干问题的决定》指出"解决农民工问题是建设中国特色社会主义的战略任务。农业劳动力向非农产业和城镇转移，是世界各国工业化、城镇化的普遍趋势，也是农业现代化的必然要求。我国农村劳动力数量众多，在工业化、城镇化加快发展的阶段，越来越多的富余劳动力将逐渐转移出来，大量农民工在城乡之间流动就业的现象在我国将长期存在。必须从我国国情出发，顺应工业化、城镇化的客观规律，引导农村富余劳动力向非农产业和城镇有序转移。我们要站在建设中国特色社会主义事业全局和战略的高度，充分认识解决好农民工问题的重要性、紧迫性和长期性"。进一步明确了农民工问题的重要性和必须解决的必要性和紧迫性。

新世纪以来，为了解决"三农"问题，中央政府运筹帷幄，出台各种相应的政策措施。譬如，党的十八大报告提出："坚持走中国特色新型工业化、信息化、城镇化（城市化）和农业现代化道路，推动信息化和工业化深度融合、工业化和城镇化良性互动、城镇化和农业现代化相互协调，促进工业化、信息化、城镇化、农业现代化同步发展。"[①] 推进经济结构战略性调整，"加快改革户籍制度，有序推进农业转移人口市民化"。明确指出城乡发展一体化是解决"三农"问题的根本途径。

伴随工业化和城镇化（城市化）的深入推进，农村社会结构

[①] 胡锦涛：《坚定不移沿着中国特色社会主义道路前进，为全面建成小康社会而奋斗——在中国共产党第十八次全国代表大会上的报告》，人民出版社2012年版，第20页。

❖ 导 论 ❖

加速转型、城乡发展加快融合的态势，农村劳动力大量流动，农民利益诉求多元的情势下，如何有序推进农业转移人口市民化，是新型城市化发展过程中不容回避的一个重大现实问题。新型城市化的推进与我国的现代化进程紧密相关。在这一过程中，大量的农业转移人口市民化的问题不仅是农民的市民化问题，实际上更突出地表现为农民工市民化的问题，因为农民工的出现进而形成某种问题，这是当前中国社会存在的一个特殊的本土社会现象。

总体上看，改革开放以来，中国政府对农民工问题的认识经历了一个不断深化的过程。从限制农民流动逐步转向承认流动、接受流动、鼓励流动，充分发挥市场机制配置劳动力资源的基础性作用，有力地促进了农村富余劳动力在城乡、地区间有序流动。中国农民工问题，涉及几亿农村人口转入非农产业和城镇的社会经济结构变迁，涉及几亿农村人口生产方式和生活方式的转变。因此，解决好农民工问题是一个重大战略问题，这不仅直接关系到从根本上解决农业、农村和农民问题，也关系到工业化、城市化的健康发展，关系到实现社会公平、公正与和谐，关系到中国工农联盟执政基础的巩固。①

但是，已有文献发现，有关农民工市民化研究大多关注的是流入地在东部城市化程度较高的地区，而对城市化程度较低的西北民族地区城市农民工市民化的关注不足。现有的农民工市民化理论观点能否解释西北地区城市化质量较低水平情况下农民工市民化问题，应该还有进一步探讨的空间。西北民族地区民族成分比较复杂，宗教信仰、生活方式、文化习俗、价值观念等相互交融，相比非少数民族地区而言，更具特殊性。在新型城市化这一时空背景下，在众多学术眼光瞄准东部发达地区城市化、关注东部地区农民市民化的学术话语中，从学理上探讨如何有序推进西

---

① 《中国农民工问题研究总报告》，《改革》2006年第5期。

北民族地区城市农民工市民化问题，显得尤为重要也很有必要。再者，民族、地域、文化背景等因素会对人的意愿和行为产生影响，所以，农民工市民化的问题不仅仅是农民工个体或群体单方面的问题，而且也要求政府层面提供相应的政策措施。在农民工、市民和中央政府之间如何互构形成推动力，才能促进新型城市化下农民工的市民化。这是本研究关注的核心问题。

进一步说，积极稳妥推进新型城市化背景下，农民工是主动适应还是被动市民化？在市民化过程中，农民工、社会、市民之间究竟存在一种什么样的内在关系？它们之间是怎样互构的？互构的机制如何？这种互构效应如何持续？农民工市民化的形式是否存在不同的类型？这是本研究想要提出并试图回答的问题。

（二）研究的意义

一个社会的现代化，不仅是社会结构、文化、经济、科学技术及城市化的发展，还有作为任何社会和社会变迁基本因素的人的现代化。[①] 因此，作为一个发展中农业大国，中国社会发展的现代化不仅是社会结构、文化、经济、科技的现代化和城市化，更重要的是中国人的现代化，尤其是人数众多的中国农民的现代化。

新世纪以来中国社会发展的突出问题是"三农"问题，而这其中最关键的就是农民的问题。农民工最终实现市民化是历史选择。"马克思主义经典作家曾从宏观角度多次论证了农民实现市民化的历史必然性和具体的转变路径。在马克思主义社会学创立者看来，实现农民市民化是解决农民问题，实现城乡融合的根本途径。"[②] 在当前推进新型城市化的进程中，最核心的就是农民工的

---

① 郑杭生：《社会学概论新修（第四版）》，中国人民大学出版社2013年版，第323页。

② 王道勇：《国家与农民关系的现代性变迁——以失地农民为例》，中国人民大学出版社2008年版，第18页。

❖ 导 论 ❖

未来出路问题，也就是农民工市民化能否顺利实现的问题。亿万农民工是成为一个总体稳定的群体，还是演变为一个流动不定的群体；是成为一个良性发展的群体，还是演变为一个出路狭窄的群体；是成为一个共享发展成果的群体，还是演变为一个缺乏关爱、逐步被边缘化的群体，是对党的执政能力和政府管理能力的重大挑战。①

在理论层面，农民工市民化的研究，可以为中国社会转型期城市化的研究提供一种新的视角，丰富农民工研究的理论。本书探讨在新型城市化背景下，从社会运行论整体视角对西北地区城市农民工市民化关注，呈现西北地区城市农民工市民化的基本社会事实，运用社会转型理论和社会互构论来阐释西北民族地区城市农民工市民化问题。一方面，对东、西部地区农民工在市民化过程中的现实基础、动员机制、基本途径、策略意愿、市民化资源等不同方面进行比较研究，努力构建西北地区城市化质量较低水平下农民工市民化的模式，可以丰富农民工市民化理论的研究视野。另一方面，农民工的市民化研究可以看作是一种"中国经验"，这种"中国经验"可以和西方社会学研究中的有关农村劳动力迁移研究和移民研究的成果对话，提升农民工市民化的理论。

在现实层面，农民长期外出务工加速了农民工现代市民意识的形成，而且从生活方式、社会交往，或者经济生活角度来讲，他们都已经不是传统意义上的农民，但他们的户籍身份依然是农民。② 所以，新时期，"三农"问题仍然存在，而且呈现出新的特征，促进"四化同步"发展，把城乡发展一体化作为解决"三农"问题的根本途径，一个重要任务就是有序推进农业转移人口市民化。新型城市化过程中，核心是人的城市化。从社会公平视

---

① 韩俊：《农民工怎样才能市民化》，《协商论坛》2012 年第 11 期。
② 王道勇：《应考虑制定农民工市民化的行动纲要》，《理论前沿》2009 年第 16 期。

角看,农民工市民化有助于建立公平的社会保障制度。"应该建立以'底线公平'为原则,具备柔性的自我调节功能的社会保障制度,其中最低生活保障、公共卫生和大疾病医疗救助以及公共基础教育(义务教育)等应是其基本的制度性内容"①。从社会转型的视角看,农民工市民化不仅是转变经济增长方式的促进效应,而且也是中国城市化水平不断提高的重要推手,更是中国社会结构转型的重要推动力量。中国社会的城乡差别、东西部差别、群体间差别、部门差别,都在不同程度地扩大,这些差别的扩大归结起来都是贫富差距的扩大。②农民工市民化能成为城乡和谐的着力点。③

因此,对作为国家发展战略之重镇的西北地区城市的农民工市民化问题进行研究,一方面,从研究地域关注点来讲,有很强的现实意义;另一方面,通过对东、西部城市化水平不同地区的农民工市民化的现实基础、动员机制、基本途径和意愿策略的对比研究,可以为合理、有序推进农业转移人口市民化政策取向上提出差别化的政策建议。

二 理论视角和研究思路

(一) 理论视角

近年来,农民工市民化的研究成果异常丰富,观点各异。既有从宏观整体层面视角的研究,也有从微观个体层面视角的研究,还有就农民工市民化过程中某一方面的具体问题,如就业制度、

---

① 景天魁:《底线公平与社会保障的柔性调节》,《社会学研究》2004年第6期。
② 郑杭生:《警惕"类发展"困境——社会学视野下我国社会稳定面临的新形势》,《中国特色社会主义研究》2002年第3期。
③ 詹玲、亚森:《农民工市民化:城乡和谐的着力点》,《中国党政干部论坛》2005年第4期。

❖ 导 论 ❖

子女教育、住房问题、社会保障等问题展开的相关研究。这些研究成果为本研究提供了厚实的理论基础和现实材料，但是我们认为，农民工市民化研究是一个系统的复杂的问题，以前的研究虽有可取之处，但还有进一步讨论的空间。

鉴于此，本研究以社会运行学派的理论为基本主线，直面中国社会转型这一基本事实，用社会转型论分析中国社会发展的历史背景和现实基础，以社会互构论分析农民工、国家（政府）、社会和市民的多重互构谐变、农民工市民化过程中出现的不同类型模式及农民工市民性的养成。

社会运行学派的理论是通过对中国不同时期社会运行情况的概括、总结与对外国社会学两大传统借鉴、吸收过程中提出的社会理论，主要包括社会运行论、社会转型论、学科本土论、社会互构论和实践结构论。社会运行学派理论也称为"社会良性运行和协调发展理论"。社会运行论主要阐述的是"社会学是关于社会良性运行和协调发展的条件和机制的综合性具体社会科学"的思想①，是对当代社会运行的条件和机制进行的较为系统的社会学研究。社会转型论的基本判断是中国社会正处在由传统型社会向现代型社会转型的过程，这构成了新型现代化理论的基础，它是对现代特别是改革开放以来，中国内地从农业的、乡村的、封闭的半封闭的传统型社会，向工业的、城镇的、开放的现代型社会的转变，所作的一种社会学理论概括，描述了一种新型现代化理论，并指出了传统和现代两者间的既相互矛盾、相互对立，又相互依存相互促进的关系。② 学科本土论一方面探讨社会学本土化的一些基本理论问题，另一方面用比较研究的视角从世界各国本土化这

---

① 郑杭生：《中国特色社会学理论的探索——社会运行论、社会转型论、学科本土论、社会互构论》，中国人民大学出版社 2005 年版。
② 同上书，第 589—590 页。

一更加开阔的眼界来研究社会学中国化。① 社会互构论以当代中国社会转型加速期的个人与社会的关系问题为研究主题,着力理解和解释了随着我国社会转型的不断加速推进,人们的生活方式、关系结构和社会组织模式所发生的转换和变迁,并揭示和阐述了这种转换和变迁的总体过程和重大现象的本质。② 社会运行学派提出的社会互构论和实践结构论,对全球现代性转折、本土社会巨变条件下多元行动主体的相互形塑、同构共生等问题做了广泛、深入和具体的探索,用当代社会学研究的现代性全球化与本土社会转型的二维视野,对当代中国社会实践的结构性巨变及其重大趋势作了具体分析,充分展示了社会运行学派及其理论的时代感、实践感和全球视野。③

作为一种社会学理论,社会运行学派一方面是在不断地与中国传统社会思想的持续对话中,吸收借鉴了中国传统社会思想中的优秀成分而逐渐形成;另一方面也是根源于西方社会学理论传统思想,紧密结合中国社会的本土实际而成长起来的。这一学派的创新轨迹正如郑杭生教授所言"立足现实,开发传统、借鉴国外、创造特色"④。

本研究就是以社会转型论和社会互构论为理论基础,把农民工市民化放置在现代性全球化和当代中国社会急剧转型的过程中,农民工和社会、国家、市民等如何形塑,同构共生,形成新市民,养成市民性的。

---

① 郑杭生:《中国特色社会学理论的探索——社会运行论、社会转型论、学科本土论、社会互构论》,中国人民大学出版社 2005 年版,第 331—332 页。
② 同上书,第 590 页。
③ 杨敏:《中国社会学的理论创新》,《教学与研究》2008 年第 6 期。杨敏:《社会学的时代感、实践感和全球视野——郑杭生与"中国特色社会学理论"的兴起》,《甘肃社会科学》2006 年第 3 期。
④ 郑杭生:《中国特色社会学理论的探索——社会运行论、社会转型论、学科本土论、社会互构论》,中国人民大学出版社 2005 年版,自序第 9 页。

❖ 导 论 ❖

（二）研究思路

本研究的基本思路是将农民工这一数量庞大的群体，放在特定的社会时空背景中考察其市民化的过程及其市民性的获得。这一特定的社会时空背景包括这样两个方面，一是中国社会的急剧转型；二是以人为核心新型城市化的推进。中国社会的急剧转型，既包括现代性全球化过程带来的影响，也有本土社会急剧转型的特殊性。而以人为核心新型城市化的推进，既要观照一般现代化进程的特点，也应关注中国城市化和工业化、市民化不同步的特殊性。也就是说在面临世界现代性全球化进程的长波进程和本土社会急剧转型的特殊脉动这样一种二维视野下，农民工群体作为社会主体的一部分，他们是如何应对"现代性的成长"和市民性的获得的。他们在与国家（政府）、市民和自身的不断的互动中如何成长，参与城市公共生活获得自身市民权利的，培养自己市民性。

三　核心概念及分析单位

（一）农民工

何谓农民工？这是一个要和农民概念密切联系在一起的词语。一般来说，农民就是在一个国家地域内从事农业生产的这部分人（或称为是农业人口）。《辞海》中将农民界定为"农民是直接从事农业生产的劳动者（不包括农奴和农业工人）"，《现代汉语词典》中的农民是"在农村从事农业生产的劳动者"。但是这种农民的界定随着世界各国工业化的不断推进，农业人口的比例也在逐渐下降。据有关资料，"到2000年，美国的农业人口比例为

2.1%，欧盟为4.3%，日本为4.1%"①。而在2011年底，据中国国家统计局发布的数据显示，中国的城市人口比例已经达到了51.3%。农业人口的比例低于城市人口，尽管初步实现了城市化，但是和欧美、日本的城市化相比，中国的城市化仍然处于一种低水平的城市化，并且中国的城市人口统计中还有一部分（大约2.8亿人）有农村户籍但在城市打工的人员被统计在城市人口中，因此这种城市化是一种"半城市化"或称为是"虚城市化"。

也就是说"并非所有的农民在所有时候都是农民，许多农村人口在严格意义上并非是真正的'农民'，也许有些农村地区的大多数人口在某些时候或一直以来都不是严格意义上的'农民'"②。由此产生了这样一个问题，到底谁是农民？中国的2.8亿多具有农村户籍但没有从事农业生产，却进城打工的这部分群体是不是农民？

由于中国"城乡二元"户籍制度的严格限制，这一群体具有农村户籍，应该说他们是农民。但是他们没有从事农业生产，而是在城市中从事着非农生产生活，所以他们又不是严格意义上的农民。他们的职业身份是工人，但其户籍身份是农民。经过多年的不停地从农村向城市流动到后来的一部分人的回流，这个群体在中国逐渐被确定了一个称谓——农民工。他们户籍仍在农村，但主要从事非农产业。有的在农闲季节外出务工、亦工亦农，流动性强，有的长期在城市就业，已成为产业工人的重要组成部分。但随着新生代农民工的出现，这部分群体内部也开始分化，新生代农民工基本不会从事农业生产，流动到城市后打工，也不想再回农村。这导致了他们亦城亦乡又非城非乡，亦工亦农又非工非

---

① ［英］亨利·伯恩斯坦：《农政变迁的阶级动力》，汪淳玉译，社会科学文献出版社2011年版，引言第3页。
② 同上书，引言第4页。

❖ 导 论 ❖

农,处于城市人和农村人的中间,也造成了他们自身的身份认同障碍。

"农民工群体是城市经济所吸纳,但又被城市社会阶层体系所排斥的边缘群体"①。但是中国农民工处于从传统向现代的交替过渡状态,从操作化层面上厘清这种区分还有较大的难度。

广义地讲,农民工是指户籍在农村,从事非农生产的劳动人口。本研究认为,农民工是指户籍在农村,但在城镇从事非农生产生活的这一群体。他们亦工亦农、亦城亦乡,具有一定的流动性,处于城市人和农村人之间。

(二) 农民工市民化

在一般的研究过程中,市民化与非农化、城市化、人口城市化、准市民等概念术语经常混用,郑杭生辨析了这几种术语的学科属性后,明确指出市民化主要是一种社会学术语,市民化的理论意涵强调:一方面,农民在实现身份与职业转变之前接受现代城市文明的各种因子;另一方面,在实现转变之后,发展出相应的能力(capability)来利用自身的市民权利,完全融入城市。本研究认为,农民工市民化,就是农民工在实现市民身份之前,接受现代城市文明的各种因子,提升自身素质并发展出相应能力,学习并获得市民的基本资格,适应城市并具备一个城市市民基本素质的过程,最终是市民性的形成。市民性一般是指市民拥有的有规则感、权责意识,积极参与城市公共生活的一套行为准则与日常规范。具体是指其意识形态、生活方式和行为方式等方面的城市化过程。② 这样界定是出于以下的考虑,第一,农民工市民化

---

① 刘精明:《现代化背景下中国农民的职业流动研究》,载李培林主编《农民工——中国进城农民工的经济社会分析》,社会科学文献出版社 2003 年版,第 92 页。
② 刘荣:《试论西北城市农民工市民化问题——以兰州市为例》,《西北民族研究》2014 年第 1 期。

是中国城市化的必然。城市化，一般是指随着人口的集中，农村地区不断转变为城市的过程。城市人口比重上升，农村人口比重下降是城市化水平的重要标志。在推进城市化的过程中，农村人口比重连年下降，城市化率不断增加，这一过程中，消除城乡差别，改变农民工身份，将成为农民工市民化的主要外部条件。第二，农民工在城市生活，将会逐渐学习掌握在城市生活的技能和素质，提升自身能力，为自己成为城市人获得基本条件，逐渐改变农民身份。第三，通过市民化，农民工融入城市社会生活，消除农村人和城市人的城乡差别。

（三）分析单位

农民工既可看作是一个群体，也可看作是个体单元。在当代中国社会转型期，从宏观整体考察农民工的话，一般来说农民工就是群体单位。但是如果从微观个体分析人的精神内涵，人的素养等内容时，农民工则更多地表现为个人。本研究认为，在"社会互构的时代"和"个体化社会"已然到来的转型中国社会，农民工最终转变为市民，市民性的形成才是农民工彻底市民化的标志。但市民性是与人的现代性密切联系的概念，更多地表现为人的精神内涵和人的素养等内容。我们从个体角度考察农民工才可能有更加深入地分析与探讨。因此，本研究倾向从个体的角度研究农民工。

四 研究方法及田野概况

（一）研究方法

把农民工作为研究对象，来考察其市民化这样一个过程，比较适用的方法可能就是参与观察和深度访谈了。对于农民工这样一个流动性较大的社会群体进行定量问卷调查显然有很大的局限，

❖ 导 论 ❖

因为他们的流动性大，无法确定严格的总体，也就不可能进行严格的抽样。但对于个案的访谈和观察，也会失去普遍的解释性。我们想在研究中试图建立一种不同地域农民工市民化的理想类型。社会学关于农民工市民化已经有了不同类型的研究，也"可能存在如苏南模式、华北模式的不同，那么通过利用各种理论模型进行深入的全面探讨，从社会现实中抽象出本土性的中国社会学理论和研究方法，将会得出具有说服力的结论"①。

基于这样的考虑，本研究主要采用访谈法收集资料，同时也进行了问卷调查。本研究采用问卷调查不是出于定量研究的需要，而是为了与定性材料的相互配合，通过两类材料的相互印证、对照，来保证研究结论的相对合理性和可靠性。

本研究是一项实地研究，以定性研究为主，辅助以定量研究结合。采用文献法、深度访谈、参与观察和问卷调查来收集资料。结合使用相关统计资料。

文献研究法：梳理地方志、各类统计及实地调查资料，研究国内外相关文献，对农民工市民化已有理论进行概括归纳，对农民工市民化已有经验研究进行纵向和横向比较。

问卷调查法：在调研地LZ市选取了样本量500人的农民工综合调查，重点调查经济状况、宗教认同、就业结构、利益结构、市民化的态度等，运用相关统计软件进行了较为简单的数据处理。

蹲点调查法：在调研地——LZ市选取两个调查点，主要在农民工较为集中的建筑工地。利用节假日进行一个月左右的蹲点调查，以全面了解当地农民工的现状与问题及其市民化的现实制度基础。

访谈法：通过个别访谈、焦点小组访谈等方法对当地政府公

---

① 郑杭生：《农民市民化：当代中国社会学的重要研究主题》，《甘肃社会科学》2005年第4期。

务员、农民工群体、城市居民等以"信息饱和"原则进行深入访谈，主要研究其社会认知、社会态度以及对城乡一体化的看法。

（二）田野地概况[①]

LZ市是中国地理位置的几何中心，是西北地区的第二大城市，具有悠久的历史文化。早在5000年前的新石器时代，中华民族的先民就在这里繁衍生息。西汉时设立县制，取"金城汤池"之意而称金城。隋初改制LZ总管府，史称LZ。汉唐以来，作为丝绸之路上的交通要道和商埠重镇，LZ在中西经济文化交流中发挥过重要作用。1941年正式设市，1949年8月26日解放。

现辖5区3县，市域总面积1.31万平方公里，其中市区面积1631.6平方公里。常住人口360多万人，其中，少数民族55个，近16万人。属于温带大陆性气候，冬无严寒，夏无酷暑，温和适宜，市区海拔平均高度1518米，年均气温9.8℃，年均降水量327毫米，全年日照时数平均2424小时，无霜期182天以上。

2012年，国务院批复设立西北地区第一个国家级新区——LZ新区，并明确提出，要把建设LZ新区作为深入实施西部大开发战略的重要举措。2012年，LZ市生产总值达1564.41亿元；地区性财政收入达到406.08亿元；城市居民人均可支配收入达到18442.76元；农民人均纯收入达到6224.32元。

之所以选择LZ作为我们的研究地点，主要有以下考虑：第一，从研究地域看，目前有关农民工市民化的研究，大多关注的是在东南沿海和中部地区，而对占全国国土面积众多的西北地区，尤其是西北少数民族地区的城市的农民工的出路关注较少。第二，尽管LZ位于中国地理的几何中心，它的经济发展水平、人均年收入等方面均位居全国后列，在这样一个经济发展水平不高的城市

---

① 参见：http://www.lz.gansu.gov.cn/zjlz/lzgk/. 2013年10月21日。

导 论

如何推动农民工市民化,农民工与当地政府、市民之间如何互构共变,更是我们要关注的重点。第三,国家在LZ的发展过程中予以高度重视,设立了国家级新区,给予了诸多的政策措施。与此同时,农民工也开始从东南沿海向西部地区转移,在西部地区寻求机会,实现自己的梦想。西北地区,尤其是LZ能否充分利用国家政策的倾斜,抓住机遇,在国家相关政策的推动下,切实为解决农民工问题形成自己的特色或模式。第四,作为一个土生土长的西北人,比较熟悉当地的社会发展状况和风土人情,在东部强势发展主义的话语下,有为缩小东西部差距,为西北的发展提供理论思考的愿景及行动。

第一章　农民工市民化研究文献述评

一　国内农民工及农民工市民化研究

对农民工市民化问题展开相应的研究，应先对农民工的含义，不同农民工的角色特点，农民工流动的原因，农民工的城市适应等内容进行概述。这部分研究成果丰富，同质特点较多，以下我们综述一些代表性观点，以期为农民工市民化研究做些基础。

（一）农民工的相关研究

1. 农民工的类型及其分化

农民工是在我国特定户籍制度和改革开放后大量农村剩余劳动力转移过程中出现的特定称呼，是作为户籍身份的"农民"和作为职业身份的"工人"的混合体。新中国成立后，我国在城乡"二元结构"的分割体制下，按照户籍制度，将乡—城居住的人口，按照从事职业的不同划分为"农业户口"和"非农业户口"。有学者认为，在中国，"农民工"既是一种制度，也是一种被确认的身份。作为一种身份，农民工是由国家/城市的制度安排被建构的，农民工如何获得"市民权"，而不是农民工的权利获得，才是

❖ 第一章 农民工市民化研究文献述评 ❖

农民工问题解决的关键。① 农民工一般是指在中国社会转型加速期出现的进城务工人员。他们正是从理想农民走向理想市民的过程中出现的一个长期生存于城乡之间、游离于主流的边缘群体。② 农民工是我国特殊的二元经济结构和特殊的劳动力转移模式造就的特殊"过渡性"群体。③

随着改革开放的推进，农民工出现了不同的类型群体。针对人口学和经济学研究提出的"第一代农民工，第二代农民工"之区别，社会学提出了"新生代流动人口"④，即通常所说的新生代农民工。但本质上讲，新生代农民工和第二代农民工基本是指同一类群体。⑤ 也有学者提出"新质农民工"的概念。新质农民工，是指自小在城市读书、毕业后就在城市务工的这一群体。他们与第二代农民工在年龄上相似，一般是20世纪80年代后出生的。但他们成长的社会环境和家庭环境与其长辈发生了很大的变化，在文化程度、人格特征、务工的主要目的、城市认同感、生活方式、工作期望、与农村家庭的经济联系等方面与第一代农民工迥然不同。⑥ 还有学者根据农民工的年龄、职业的是否专一和流动的半径范围，将其分为老一代农民工与新一代农民工、兼业农民工和全职农民工、省内流动和跨省流动的农民工的类型。⑦ 划分不同类型的农民工，主要是认为不同类型的农民工，他们面临的问题

---

① 陈映芳：《农民工：制度安排与身份认同》，《社会学研究》2005年第3期。
② 郑杭生：《农民市民化：当代中国社会学研究的重要主题》，《甘肃社会科学》2005年第4期。
③ 郭志仪、刘晋：《基于农民工"过渡性"特点的刘易斯拐点分析》，《西北人口》2011年第1期。
④ 王春光：《新生代农村流动人口的社会认同与城乡融合关系》，《社会学研究》2001年第3期。
⑤ 刘传江、程建林：《第二代农民工市民化：现状分析与进程测度》，《人口研究》2008年第5期。
⑥ 豆小红：《"新质农民工"的市民化与制度性机会》，《青年研究》2006年第3期。
⑦ 朱启臻、马腾宇：《不同类型农民工市民化诉求》，《农村金融研究》2011年第4期。

和市民化诉求是不一样的。所以要尊重农民工的意愿才能考虑他们的未来出路。

  实际上,农民工内部也出现了分化。主要包括职业等级和层级分化、代际差异。如李培林认为,流动民工经过职业分化,实际上已经完全分属于三个不同的社会阶层,即占有相当生产资本并雇用他人的业主、占有少量资本的自我雇用的个体工商户和完全依赖打工的受薪者。① 王春光从代际认同的角度分析了农民工的分化。在社会分层上,学者们一致把城市农民工称作是城市"边缘人",是城市社会生活中居于边缘地位的特殊群体。也有学者称为"双重边缘人"②。还有学者认为,农民工是城市的边缘群体、弱势群体、无归属群体,城市的各种社会组织均没有涵盖农民工;因此缺少组织协调的农民工既不能参与城市的资源分配,也不能有效地维护与保障自己应有的社会权益,从而使农民工始终徘徊在城市边缘地带,缺乏一种组织归属。③ 正因为城市农民工的边缘性,近年来沿海地区出现了"新二元社会结构",应该把这部分农村流动人口称为新市民。④ 有学者根据对"从农村流入城市的农民工"和中国户籍制度的分析,提出了中国社会"在原来的城乡'二元结构'的基础上又生出了'三元结构'",并判断这种"三元结构"将持续存在,而且没有弱化的趋势。⑤ 显然,不同于城市居民也不同于农民的对社会影响较大的中国社会的第三元,形成转型期中国社会的"三元结构",即城市居民、城市农民工、农

---

  ① 李培林:《流动民工的社会网络和社会地位》,《社会学研究》1996年第4期。
  ② 唐斌:《"双重边缘人":城市农民工自我认同的形成及社会影响》,《中南民族大学学报》2002年第8期。
  ③ 冯继康:《"三农"难题视域下的农民工市民化》,《红旗文稿》2008年第11期。
  ④ 孔维军:《论农村流动人口对城乡二元经济结构的影响》,《广西社会科学》2001年第1期。
  ⑤ 李强:《现代化与中国社会分层结构之变迁》,《教学与研究》1996年第3期。

第一章 农民工市民化研究文献述评

村居民。① 但有学者认为"三元社会结构"这一提法有些固化其中的含义,所以提出了"三元化利益群体"的概念,指出当今社会条件下"三元化利益群体"更能说明新型城市化进程中各类群体的真实状况。② 也有研究者从身份类别角度指出,"农民工"在80年代以来的中国社会中,是由制度与文化共同建构的、与"农民""城市居民"并存的第三种身份。③

由于乡土意识和现代都市文明的双重作用,城市农民工的思想和心理具有复杂性、矛盾性和不平衡性。对于"不发达的村落社会,外出务工是农民体验工业文明和现代生活的方式,从而形成提高现代性程度的基本途径和动力"④。流动经历和城市体验是一个普通农民完成其从传统向现代转变的完整过程的两个不可缺少的方面⑤。王春光则认为,新生代农民工不可能完全地融入城市社会中,他们中的大部分人在城市的交往圈子局限于他们的内部,如果在短期内我国不能对目前城乡"分治"的"二元社会结构"进行根本性和实质性的改革,那么新生代农民工的社会认同会趋向"内卷化"的建构,即认同于自己这个特殊的社会群体,不认同城市社区和农村社区,从而会沦落为"游民"⑥。因此有学者认为从农民工发展前景的内涵看,农民工要实现转型,要么市民化,

---

① 甘满堂:《城市农民工与转型期中国的三元结构》,《福州大学学报》2001年第4期。
② 杨敏:《三元化利益格局下"身份—权利—待遇"体系的重建——走向包容、公平、共享的新型城市化》,《社会学评论》2013年第1期;杨敏、王娟娟:《社会学理论视野中的中国城乡社会变迁——关于〈三元化利益格局下"身份—权利—待遇"体系的重建〉一文的访谈和思考》,《学习与实践》2013年第4期。
③ 陈映芳:《农民工:制度安排与身份认同》,《社会学研究》2005年第3期。
④ 郭正林、周大鸣:《外出务工与农民工现代性的获得》,《中山大学学报》(哲社版)1996年第5期。
⑤ 周晓虹:《流动与城市体验对中国农民现代性的影响——北京"浙江村"与温州一个农村社区的考察》,《社会学研究》1998年第5期。
⑥ 王春光:《新生代农村流动人口的社会认同与城乡融合关系》,《社会学研究》2001年第3期。

要么转型成为新型农民。①

２. 农民工乡城流动的原因及过程

有学者借用"推—拉理论"研究，认为巨大的经济驱动力是促使农民工大规模外出的主要动力。城乡之间巨大的经济差异和收入差异是人口流向城市的最主要原因。户籍制度是中国城乡流动最为突出的制度障碍，它发挥作用的方式是使得推拉失去效力，从而使流动人口不再遵循一般的推拉规律。② 还有用"理性选择"理论对外出农民工外出原因进行解释的。有研究认为农民工外出务工经历了一个从生存理性向社会理性的转变过程。③ 有学者指出，农民外出务工不仅仅是制度安排，也不只是个体追求利益最大化的无目的的理性选择，而是一种主体与结构二重性的过程，他们在转移和流动的过程中反思行动，调整自己的策略。④ 但是"农民是否具有或能够具有追求效益最大化的经济理性，这本身是学术界长期争议的一个问题。社会学和人类学中大部分注重'小传统'、'地方性知识'的实体主义学者，都认为小农是缺乏现代经济理性的，并往往陷入非理性的'深层游戏'，即使不能武断地认为他们是非理性的，小农具有的所谓'理性'也是一种不同于'功利主义'的'另类理性'，对于生活较为富裕的农民来说，这是因为农民在缺乏资本积累和增值的外部刺激情况下保持的'安逸自足'和'明哲适度'的生活态度，而对于生活艰难的农民来说，则是出于规避生活

---

① 江立华：《农民工转型：市民化与新型农民化》，《中国社会科学报》2013 年 3 月 8 日 A08 版。

② 李强：《影响中国城乡流动人口的推力和拉力因素分析》，《中国社会科学》2003 年第 1 期。

③ 文军：《从生存理性到社会理性选择：当代中国农民外出就业动因的社会学分析》，《社会学研究》2001 年第 6 期。

④ 黄平：《寻求生存——当代农村外出人口的社会学研究》，云南人民出版社 1997 年版。

第一章 农民工市民化研究文献述评

风险的'生存理性'"①。

从农民工流动的过程来看,有学者认为,农民工向城市的流动应该分阶段分析,20世纪80年代开始的农民工外出打工,作为一种劳动力,认为他们是从农村向城市转移,具有一定的合理性。第二代农民工由于本身可能从小就是在城市长大或者中学毕业后去城市打工,他们"没有务农的经历"或者"不愿意回到农村"去,再简单地把他们等同于"农村剩余劳动力转移"可能就不一定恰当,他们在城市争取的是现代性权利。②

刘传江则认为,中国城乡人口转移形成"先从农民到农民工"然后"再从农民工到市民"的"中国路径",进一步提出用"农民非农化理论"+"农民工市民化理论"取代传统的"一步转移理论"。③ 王春光则提出"半城市化"概念,它是一种介于回归农村和彻底城市化之间的状态,表现出非正规就业和发展能力的弱化、居住边缘化和生活孤岛化、社会认同"内卷化"等主要特征。④ 也有学者认为,中国的"市民化"是分两步走的,第一步是农村剩余劳动力转移到城市成为农民工的"半市民化"过程;第二步是农民工逐渐融入到城市为市民的"后市民化"过程。农民工市民化发展严重滞后的关键因素就是农民工进入"后市民化"的壁垒始终没有打开而且"半市民化"与"后市民化"之间严重脱节。农民工"半市民化"向"后市民化"的过渡有赖于政府主导、农民工主动、社会支持等各方形成合力,共同推动;有赖于从宏观、中观、微观三个层面,经济系统、制度系统、文化系统、

---

① 李培林:《巨变:村落的终结——都市里的村庄研究》,载李培林主编《农民工——中国进城农民工的经济社会分析》,社会科学文献出版社2003年版,第58页。
② 张健:《从"农民"走向"公民":农民工符号的内涵及农民工问题的本质》,《社会科学辑刊》2008年第2期。
③ 刘传江:《城乡统筹发展视角下的农民工市民化》,《人口研究》2005年第4期。
④ 王春光:《农村流动人口的"半城市化"问题研究》,《社会学研究》2006年第5期。

社会系统、政治系统、自我发展以及信息技术系统七个方面建立全面协调的衔接机制。①

3. 农民工的角色关系研究

一般来说，农民工的角色转换通过个人努力就可以完成，但是身份的转变还需要制度和社会的认同。尽管农民工在城市和市民一样地生活、工作，但是户籍制度的限制，使他们的身份还没被社会认同和市民认可。②缺乏城市社会的认同感和归属感是农民工"虚城市化"的一种表现。芝加哥学派认为，在形态原始简单却又有条不紊的乡村社区中，居民彼此熟悉，出身背景相似，所受教育相同，具有相当大的同质性。城市化使社会原有的结构或组织解体，日益扩大的都市规模、不断增加的人口密度，形成了绝对异质、组织紊乱、不具人格的都市生活。由于缺乏与城市居民之间的社会互动，他们难以产生对城市的认同感和归属感，从而产生巨大的心理落差。③

有学者认为，新生代农民工与现有市民在制度身份、文化、就业、社会保障和教育等方面的差异存在，导致其自我身份认同模糊，不利于市民化。④农民工能否尽快融入城市社会不完全取决于他们的职业技能水平和劳动态度，而在于他们能否成功地跨情境互动，跨越城乡之间的鸿沟与城里人打交道。在这里，农民工同城市人交往的主动意识和城市人对农民工的认同感是促使二者增加交往的必要条件。⑤农民工难以融入城市社会，表面上看是户

---

① 钟水映、李魁：《农民工"半市民化"与"后市民化"衔接机制研究》，《中国农业大学学报》（社科版）2007年第3期。
② 刘传江、程建林：《第二代农民工市民化：现状分析和进程测度》，《人口研究》2008年第5期。
③ 参见陈丰《从"虚城市化"到市民化：农民工城市化的现实路径》，《社会科学》2007年第2期。
④ 胡宏伟、李冰水等：《差异与排斥：新生代农民工社会融入的联动分析》，《上海行政学院学报》2011年第4期。
⑤ 赵立新：《城市农民工市民化问题研究》，《人口学刊》2006年第4期。

籍制度的障碍，它造成了身份、职业和角色的分离。但非正式制度的社会歧视也阻碍了农民工市民化进程中向城市的认同与靠拢。这一社会歧视不仅有一般城市居民群体，而且有的是以政府部门的文件实现的，成为一种区域性的社会歧视。① 秦晖也指出，外来人口是否对社会稳定造成影响，关键在于城市如何对待他们，如果能采取种种措施加速边缘人社区融入城市社会，那么他们会成为稳定因素。②

4. 农民工的城市适应研究

对于农民工的城市适应问题，有学者认为，以往的研究成果有基于现代性的视角、社会化的视角、农民工与城市互动的视角和社会网络的视角等四种研究视角。③ 但他们忽视了城市适应这一问题本身的模糊性、流变性、即时性和紧迫性。为了弥补研究的不足，提出引入实践社会学的视角，来研究农民工的城市适应和融合的问题，可能会重构农民工城市适应和现代性等方面的问题，并发现新问题和经典问题的新面向。④

田凯从基本社会化的视角指出，城市农民工要想真正适应城市生活，成为一个真正的城市人，必须具备三个条件：第一，他应能在城市找到相对稳定的职业；第二，这种职业带来的经济收入及社会地位能够形成一种与当地人接近的生活方式，从而使其

---

① 朱信凯：《农民市民化的国际经验及对我国农民工问题的启示》，《中国软科学》2005 年第 1 期。

② 秦晖：《农民工进城影响社会稳定吗》，《农村工作通讯》2002 年第 10 期。

③ 在此前的研究中，他认为还有第五种类型，即停留在描述和分析农民工适应城市的内容、障碍和对策层面上，但缺乏理论透视的力度。参见符平《青年农民工的城市适应：实践社会学研究的发现》，《社会》2006 年第 2 期。之后也有学者认为，在研究农民工城市适应和市民化向度上有基于现代性视角、农民工—城市社会互动视角、城市化与城市发展视角和人口迁移的视角这四种视角，参见江立华《统筹城乡发展与农民工的转型》，《学习与实践》2009 年第 3 期。

④ 符平、江立华：《农民工城市适应研究：局限与突破》，《调研世界》2007 年第 6 期。

具备与当地人发生社会交往并参与当地社会生活的条件；第三，这种生活方式的影响和与当地社会的接触，使他可能接受并形成新的与当地人相同的价值观。实际上构成了农民工城市适应的三个层面，即经济层面、社会层面和心理层面。① 进而有学者指出，这是农民工在新环境下的继续社会化。②

有学者认为，农民工进入城市，最终要使自己整合入城市社会，转变自己的生活方式和行为方式等，这需要"社会化"的路径，即农民工以"城里人"为参照群体，不断调整自己的行为方式，重构新的生活方式和思维方式，以适应城市生活对自身要求的社会过程。③ 一般来说有两种适应方式，一是改变自我，融入城市；二是在城市重建原有的生活环境和文化。④

除此之外，还有农民工劳动力市场研究，农民工的职业流动研究，城市农民工的劳动权益和社会保障研究，城市农民工和农民工子女的教育研究，城市农民工的社会资本和社会网络等方面的研究，研究成果内容也很丰富。限于篇幅，在此不再赘述。

（二）农民工市民化研究

1. 市民化及农民工市民化的含义探讨

随着社会的转型，不同学科对与此相关的内容进行了大量的研究与阐释，也产生了非农化、城市化、人口城市化、准市民化、市民化等概念，这些概念之间互有相同之处，但基本内涵还有差别。有学者认为非农化主要是一个经济学术语，它是指农民在职业上的地位转型，他们依赖的主要生存资源发生变化，农业收入已经不是他们的主要经济来源，农民开始走向现代职业体系；城

---

① 田凯：《农民工城市适应性的调查与思考》，《社会科学研究》1995年第5期。
② 朱力：《论农民工阶层的城市适应》，《江海学刊》2002年第6期。
③ 江立华：《农民工在城市的生存与现代性》，《郑州大学学报》2004年第1期。
④ 江立华：《城市性与农民工的城市适应》，《社会科学研究》2003年第5期。

第一章 农民工市民化研究文献述评

市化主要是一种地理学术语，它强调农村社区、地域景观等向城市的靠拢，即农村地区变得越来越像城市，或者已经转变成合法的城市；而人口城市化则主要是一种人口学术语，它强调农民迁居城市后，在身份上发生了根本变化，户口类型已经改变。① 郑杭生在考察了农民、市民概念的历史演变，辨析了农民及农民工市民化研究过程中出现的非农化、城市化、人口城市化、准市民、市民化等术语后，明确指出市民化主要是一种社会学术语，市民化的理论意涵强调：一方面，农民在实现身份与职业转变之前接受现代城市文明的各种因子；另一方面，在实现转变之后，发展出相应的能力（capability）来利用自身的市民权利，完全融入城市。因此，可以认为，市民化是指作为一种职业的"农民"（farmer 或 cultivator）和作为一种社会身份的"农民"（peasant）在向市民（citizen）转变的进程中，发展出相应的能力，学习并获得市民的基本资格、适应城市并具备一个城市市民基本素质的过程。② 文军则认为，市民化概念主要指社会成员的角色转型，从实际操作层面讲，农民市民化的对象至少应该包括城市农民工（尤其是那些长期滞留在城市中，并具有稳定收入和固定住所的农村流动人口）和大城市郊区的农民（尤其是那些土地被征用并实现职业转变的农民）③。

刘传江进一步认为，农民工市民化是指离农务工经商的农民工克服各种障碍最终逐渐转变为市民的过程和现象。它包括四个层面的含义：一是职业由次属的、非正规劳动力市场上的农民工转变成首属的、正规的劳动力市场上的非农产业工人；二是社会

---

① 郑杭生：《农民市民化：当代中国社会学研究的重要主题》，《甘肃社会科学》2005 年第 4 期。
② 刘荣：《试论西北城市农民工市民化问题——以兰州市为例》，《西北民族研究》2014 年第 1 期。
③ 文军：《农民市民化：从农民到市民的角色转型》，《华东师范大学学报》（哲社版）2004 年第 3 期。

身份由农民转变成市民;三是农民工自身素质的进一步提高和市民化;四是农民工意识形态、生活方式和行为方式的城市化。① 另有学者从农民工生活的社区、所具有的职业、身份和生活方式等方面进行研究后认为,农民工市民化包括以下四个方面的含义,一是社区从乡村社区向城市社区流动;二是职业上由从事农业劳动转向非农职业劳动;三是身份上获得城市户口,取得与城市市民完全一样的公民权;四是生活方式上累积城市性,形成城市生活方式。特别强调指出,农民工市民化主要是身份上和生活方式上的市民化。② 也有学者指出,农民工市民化应当包括五个转变,即居住空间转变、职业转变、身份转变、阶层转变、角色转变;可以分为四个层面,制度层面、经济层面、社会层面和文化心理层面。目前农民工的市民化,绝大多数农民工只是完成了社会角色转变、职业转变和空间位置的改变,尚未实现生活方式和价值观念的转变。③ 因此,农民工市民化关注的是那些已经从农村和农业中流出而又不愿回流的那部分人如何在实现职业转换的基础上进一步实现生存空间和社会身份的转换。④ 由于农民工在城市生活的边缘化特征,所以把农民工市民化也可以理解为是农民工不断摆脱边缘状态,逐渐走向和融入城市主流社会的过程。⑤

总体上看,城市农民工的市民化,狭义地理解,是指城市农民工在身份上获得与城市居民相同的合法身份与社会权利的过程。而广义地理解,一般也包括其价值观、身份认同等主观因素及其

---

① 刘传江:《中国农民市民化研究》,《理论月刊》2006年第10期。
② 王兴周、张文宏:《城市性:农民工市民化的新方向》,《社会科学战线》2008年第12期。
③ 江立华:《农民工转型:市民化与新型农民化》,《中国社会科学报》2013年3月8日第424期。
④ 刘传江、徐建玲:《"民工潮"与"民工荒"——农民工劳动供给视角的经济学分析》,《财经问题研究》2006年第5期。
⑤ 刘传江、徐建玲:《第二代农民工及其市民化研究》,《中国人口·资源与环境》2007年第1期。

第一章 农民工市民化研究文献述评

向城市市民生产、生活方式的转化。①

2. 农民工市民化的影响因素研究

影响农民工市民化的制约因素，主要包括结构制约因素和制度制约因素。结构制约因素主要指社会中较大且具有一定稳定性的组成部分的实际状况及其相互关系。譬如，我国的城乡关系的总体状况；经济的整体发展水平与发展方式；公平公正、民主法治的观念及实现程度；我国城市总体发展水平与城市体系的建构与完善程度；人口与资源环境之间的总体关系状况；政府宏观调控机制与市场机制的作用与影响；农民工群体自身状况，等等。②结构制约因素主要受我国特殊的国情影响。譬如，从"十二五"时期经济增长的新特征看，"推动以农民工的市民化为重点的城市化进程，提高社会保障体系对他们的覆盖水平，实现服务业与工业的均衡发展"③是我们面临的挑战之一。因此，从宏观经济政策出发，"十二五"时期农民工市民化的总体思路，一是多元化推进市民化进程，小城市以"放开户籍"为主，大中城市本市农民工以"放开待遇与放开户籍并举"为主，大城市跨市和跨省农民工以"放开待遇"为主。二是分群分类、差异化地提高市民化程度。三是多部门分担市民化的成本。四是多手段提升地方政府的能力与动力。④从市场主体、农民工内部需求非均衡性和不同区域地方政府需求的差异看，新生代农民工市民化的具体路径是非均衡的。⑤而合作主义主张政府、市场和农民的自主性，强调三者的

---

① 王桂新、陈冠春、魏星：《城市农民工市民化意愿影响因素考察——以上海市为例》，《人口与发展》2011年第2期。
② 史乃新：《结构域制度视角下的农民工市民化》，《城市问题》2011年第11期。
③ 蔡昉：《"十二五"时期中国经济增长新特征》，《青海社会科学》2011年第1期。
④ 宏观经济研究院课题组：《"十二五"时期促进农民工市民化的总体思路》，《宏观经济管理》2011年第9期。
⑤ 黄闯：《非均衡性：新生代农民工市民化的路径分析》，《当代青年研究》2012年第5期。

力量的均衡。① 同时，应该进行社会系统的调整与建构，实现农民工市民化的"社会目标公正"、"社会过程公正"、"制度供给公正"和"政府作为公正"。②

从制度制约因素看，由于"城乡二元"体制的影响，当前农民工市民化的制度制约因素主要包括就业制度、户籍制度、土地制度和社会保障制度等方面。农民工不是"盲流"，他们关注的是工资水平、自身就业转换的机会成本和城市工作福利水平的未来预期。③ 另外，现行的农村土地制度由于存在产权模糊、保障功能强、流动性差和价值低估等缺陷，对新生代农民工市民化进程、意愿和能力等产生了影响，为了促进新生代农民工市民化，应该按照有利于明确和保护土地物权的思路，建立以承包权为核心的农地产权制度、基于承包权的农地流转制度和基于土地物权的农地征用制度。④ 由于受"城乡二元"社会经济结构的影响，就业制度和社会保障制度也是"城乡二元性"的，就业上典型的表现就是同工不同酬；而我国农民工的社会保障问题实际上就是如何实现从传统的土地保障向现代社会保障制度的转换。如果不能解决社会保障问题，那么农民工在保障问题上就面临着很大的社会风险。

但是更深入地看，农民工市民化的制度安排中，除就业制度、土地制度、社会保障制度等制度外，现行户籍政策是根本的制度制约因素⑤，尤其是附加或隐含在户籍上的各种福利、待遇和权

---

① 社会管理体制改革研究课题组：《合作主义：城乡社区一体化中的政府、市场与农民的关系》，《华中师范大学学报》（人文社科版）2012 年第 2 期。

② 陈秉公、颜明权：《论实现农民工市民化的社会公正》，《江汉论坛》2008 年第 5 期。

③ 冯继康：《"三农"难题视域下的农民工市民化》，《红旗文稿》2008 年第 11 期。

④ 黄锟：《农村土地制度对新生代农民工市民化的影响与制度创新》，《农业现代化研究》2011 年第 2 期。

⑤ 马桂萍、王芳：《促进农民工市民化的制度安排探析》，《辽宁师大学报》（社科版）2008 年第 6 期。

利。促进农民工市民化，应该深化户籍制度改革，建立新型户口登记制度，降低户口的福利待遇价值。阻碍农民工市民化的因素中，制度因素是最大的，但关键不是户籍制度本身，而是建立在户籍制度基础之上的二元公共服务制度。[①] 所以，应该实施制度创新，调整思路和政策，保障农民工利益，将"转移农村富余劳动力"这一权宜之计调整为"鼓励农民进城，使农民工市民化"这一长久之策。[②] 在全国范围内统筹考虑农民工基本公共服务，使其与城镇居民平等分享基本公共服务，着力推进农民工在基本公共服务上的市民化，关键在于加快政策调整和制度变革。[③] "十二五"时期应该把"让农民工成为历史"作为解决农民工问题的突破口，破解城乡二元户籍制度、基本公共服务制度和土地制度。[④] 有学者认为，从农民工市民化的实质看，这就是公共服务均等化的过程，必须以农民工整体融入城市公共服务体系为核心，确保农民工及其子女平等接受教育、卫生等基本公共服务。[⑤]

3. 农民工市民化的对策研究

农民工市民化不仅是农民工的社会流动过程，也是一个涉及众多因素的社会变迁过程，因而需要从一种整体性、综合性的分析视角来系统化地认识这一问题。[⑥]

有学者认为，农民工市民化问题解决在于外部"赋能"和自身的"增能"[⑦]，应该从国家发展战略及其制度安排、结构性压力

---

① 徐增阳、古琴：《农民工市民化：政府责任与公共服务创新》，《华南师范大学学报》（社科版）2010年第1期。
② 韩跃红、杨云宝：《"十二五"时期破解"三农"问题的基本路径》，《科学社会主义》2012年第2期。
③ 迟福林：《加快基本公共服务均等化》，《学习月刊》2011年第4期上半月。
④ 迟福林：《让农民工成为历史》，《农村工作通讯》2010年第23期。
⑤ 韩俊：《农民工怎样才能市民化》，《协商论坛》2012年第11期。
⑥ 史乃新：《结构域制度视角下的农民工市民化》，《城市问题》2011年第11期。
⑦ 郑杭生：《农民市民化：当代中国社会学的重要研究主题》，《甘肃社会科学》2005年第4期。

的互动视角来思考"赋能"与"增能"问题。① 有学者认为,应该通过一系列制度安排,逐步实现农民工市民化,这才能彻底改变农民工的命运,才是农民工的最终归宿所在。② 城乡一体化发展是我国城市化发展的一条有效途径,同时也是解决我国农民工问题及农民工市民化的根本途径。③ 所以,从社会政策层面看,农民工市民化应从以下方面入手,一是改革公共产品供给体制;二是构建具有现代化理念的社会保障制度;三是增加劳动收入在总收入中的比重;四是重视农民工的职业培训;五是处理好农民工转移过程中的利益;六是对中小企业适当减税。④

还有很多农民工市民化的相关研究。譬如,从农民工分层⑤和农民工融入中产阶层⑥,从公民文化视角⑦,发展主义视角⑧和社会成本视角⑨等对农民工市民化问题进行了研究。限于篇幅不再赘述。

4. 有关城镇化(城市化)的研究

美国著名政治学家亨廷顿在《变革社会中的政治秩序》曾指出,"一个成熟的现代经济,不可能是一个农业劳动力在劳动力构

---

① 刘爱玉:《城市化过程中的农民工市民化问题》,《中国行政管理》2012年第1期。
② 王道勇:《中国农民工的未来》,云南出版集团、云南教育出版社2013年版,第135页。
③ 安中轩:《从城乡一体化看农民工市民化》,《天府新论》2004年第12期。
④ 邹农俭:《农民工如何市民化》,《江苏社会科学》2013年第2期。
⑤ 谢建社:《农民工分层:中国城市化思考》,《广州大学学报》(社科版)2006年第10期。
⑥ 王道勇:《中国农民工的未来》,云南出版集团、云南教育出版社2013年版,第142页。
⑦ 缪青:《从农民工到新市民:公民文化的视野和亟待开发的社会工程》,《马克思主义与现实》2007年第5期。
⑧ 张志胜:《发展主义:新生代农民工市民化的另一种诠释》,《广东青年干部学院学报》2011年第2期。
⑨ 张国胜:《基于社会成本考虑的农民工市民化:一个转轨中大国的视角和政策选择》,《中国软科学》2009年第4期;张国胜、杨先明:《中国农民工市民化的社会成本研究》,《经济界》2008年第5期。

❖ 第一章 农民工市民化研究文献述评 ❖

成中占很高比例的经济,也不可能是农民在人口结构中占很高比例的经济"①。按照一般现代化的进程,非农化、城市化和农民的市民化基本是同步的,但是在中国城乡二元社会经济体制条件的制约下,农民工市民化严重滞后于城市化,但是城市化的发展和农民工市民化是密切相关的。因此,有必要探讨我国城市化进程对农民工市民化的影响。

城市化和农村流动人口的关系。

有学者考察了西方国家近代以来的城市化进程后指出,西方近代以来的城市化始于工业革命。20世纪60年代后,西方发达国家城市化中出现了所谓市郊化以及后来的超市郊化现象,于是以大城市为中心的"都市圈"或"城市群""城市带"发展较快。②但是中国的城市化发展进程很曲折、很复杂,发展也很不平衡。尤其中西部落后的农村与东部的发达城市之间的巨大经济差异,是导致农民大量从农村流入城市的基本动因。也由于地区间的差异性大,发达地区与落后地区的城市化就处于不同的阶段。由于不同发展阶段同处于一个历史时期,这样,政策上就无法统一,面临着大量人口城市化的困境。③

有学者曾预言"中国城市化与美国高科技发展将是深刻影响21世纪全球发展的两大课题"。绝大多数农村人口首先是理性经济人,他们的内在流向意愿和最优偏好选择,决不是流向收益稍高一点的乡镇或其他农村,而是首先选择流向收益最高的城市,这是他们充满理性的最优化选择。④

但农村人口迁移到城市是城市化的主要方向。这其中不单是

---

① 亨廷顿:《变革社会中的政治秩序》,王冠华等译,上海人民出版社2008年版。
② 李强:《当前我国城市化和流动人口的几个理论问题》,载李培林主编《农民工——中国进城农民工的经济社会分析》,社会科学文献出版社2003年版,第41—42页。
③ 同上书,第42—43页。
④ 俞宪忠:《是"城市化"还是"城镇"化——一个新型城市化道路的战略发展框架》,《中国人口·资源与环境》2004年第5期。

居住方式的转变,更重要的是生存方式的变革。城市发展机制是建立在吸收和消化农村剩余劳动力的基础之上的。城市化的战略要求政府必须把创造更多的工作岗位和新增劳动就业机会作为首选目标。这才是推动城市化的内在动力。①

"从宏观上来看,城市化是转移农村剩余劳动力、提高农民收入、改造村落社会结构的必由之路"。② 其结果是改变人们的生活方式和消费方式,也改变了人们的消费结构和消费心理。各国城市化的经验都表明,农村人口向城市的迁移,能够产生巨大的消费"累积效应",从而使消费成为经济增长的巨大拉动力量。③ 但农民工拉动社会经济发展力量的正负取决于政府的是否作为以及如何作为。此外,农民工是一个历史的阶段性的过程,几十年后,我国城镇化水平达到一定的高度,大量农村剩余劳动力被结构性稳定地释放到大、中、小城市(镇)后,农民工就成为了真正意义上的产业工人(劳动工人)。所以,对于政府来讲,应该看清这个趋势,顺应历史潮流,从一开始就尽可能地给农民工以平等的市民权利,以尽量缩短农民城市化的过程。④

推进现代化的两个重要前提就是首先实现工业化和城市化,而城市化必定比工业化面临着更多的困难和更大的障碍。工业化主要是一种物质性的经济技术安排,城市化除了需要工业化安排之外,还需要更多的社会制度安排,而且是关于人的安排。⑤

---

① 李强主编:《中国高校哲学社会科学发展报告(1978—2008)·社会学》,广西师范大学出版社 2008 年版,第 424 页。
② 李培林:《巨变:村落的终结——都市里的村庄研究》,载李培林主编《农民工——中国进城农民工的经济社会分析》,社会科学文献出版社 2003 年版,第 56 页。
③ 李培林:《城市化与我国新成长阶段——我国城市化发展战略研究》,《江苏社会科学》2012 年第 5 期。
④ 朱信凯:《农民市民化的国际经验及对我国农民工问题的启示》,《中国软科学》2005 年第 1 期。
⑤ 俞宪忠:《是"城市化"还是"城镇"化——一个新型城市化道路的战略发展框架》,《中国人口·资源与环境》2004 年第 5 期。

❖ 第一章 农民工市民化研究文献述评 ❖

传统的城市化道路是西方发达国家从产业革命时期开始的,其特点是利用市场这只"看不见的手"的牵引,利用300年左右的时间完成的。而中国所要走的新型城市化道路,一方面,要充分利用市场机制、尊重农村人口的意愿;另一方面,也要利用政府的宏观调控这只"看得见的手",付出一定的代价,经历一个历史变迁过程才能完成城市化。

我国的城市化道路问题。①

城市化道路在中国有特定含义,主要是指以什么类型城市为主实现城市化。主要有这么几种著名观点。第一,小城镇重点论。不少学者认为,应该依靠小城镇实现城市化,费孝通就持此观点。但是小城镇模式更多地还是适合于江南地区,北部和中西部地区还是不适合的。近来也有学者批评小城镇模式集约化低、经济效益低、能耗高、吸纳人口能力下降,可能只算是一个城市化的过渡。第二,中等城市重点论。认为中等城市既可以发挥工业生产与城市社区的聚集效应,聚集效应造成了经济的高度繁荣。经济繁荣和人口密集也创造了无数的就业机会。又可避免大城市和超大城市的人口高度密集的弊端。第三,大城市重点论。主要要发挥大城市的聚集效应。这一模式发展过程中应该注意发展周边卫星城,卫星城与中心城市呼应形成广阔的经济增长带,会带动整个国家的经济发展。第四,并举论。即我国的城市化应当走大、中、小城市(城镇)并举的道路的观点。

李强认为还应该有一种模式。即"乡村生活的城市化"。乡村生活城市化,就是乡村虽然保留,但生活方式已经发生了根本变革。机械化的劳动方式、城市化的衣食住行、现代的文化生活、

---

① 这部分内容主要转引自郑杭生主编《社会学概论新修(第四版)》,中国人民大学出版社2013年版,第342页;李强:《当前我国城市化和流动人口的几个理论问题》,参见李培林主编《农民工——中国进城农民工的经济社会分析》,社会科学文献出版社2003年版,第42—43页的内容。在此致谢。

闲暇生活等，都与城市中的生活方式没有本质区别。而且农村自然环境优越，使得城市化的生活方式更具吸引力。①

实际上，中国地域广阔并且差别很大，区域发展极不平衡。因此，城市化模式不可能是一种模式，哪一种模式适合该地区，就应采取哪一种模式。因此，我国在2010年以后将促进大、中、小城市和小城镇协调发展，重点放在中小城市和小城镇协调发展，把解决农业转移人口逐步在城镇就业和落户问题作为推进城镇化的重要任务。2012年又提出积极稳妥推进新型城镇（市）化，有序推进农业转移人口市民化为主的城市化建设的主要方向。

二 国外劳动力及迁移相关研究简述

"农民工市民化"是中国社会转型时期出现的本土社会现象，国外学术界几乎没有对农民工市民化问题的直接研究。然而，在中国社会转型加速期，农民工作为一个庞大的特殊社会群体出现，是伴随着农村剩余劳动力转移出现的。尽管"农民工"现象的出现是中国本土社会现实，但是农民工的出现与农村人口的转移、社会流动密切相关。社会流动和人口迁移研究一直以来是社会学重点关注的研究领域。国外的社会流动和人口迁移研究从经典理论家那里就开始了，且学派众多，他们互相借鉴，各采所长，取得了许多很重要的研究成果，这些研究成果在某种程度上来说，可以作为农民工市民化问题研究的基础。在此，我们在对已有的研究文献考察基础上，从历史发展（主要是从工业化和技术进步引起的农村人口向城市的转移）的角度，对社会流动和流动人口及移民研究的相关理论做一简单梳理。

---

① 李强：《当前我国城市化和流动人口的几个理论问题》，载李培林主编《农民工——中国进城农民工的经济社会分析》，社会科学文献出版社2003年版，第43—45页。

❖ 第一章 农民工市民化研究文献述评 ❖

（一）关于社会流动和人口迁移的研究

1. 有关劳动力迁移的相关研究①

1880年英国学者雷文斯坦发表"人口迁移的规律"的文章，通过大量的统计分析，提出了人口迁移的七条规律（或称趋势）。他的研究为人口迁移研究打开了一个新的局面，提供了一个新的视角。后来的学者认为对流动的研究要把它与机会联系起来。斯托夫（S. Stouffer）在20世纪40年代提出"机会制约理论"（theory of intervening opportunities），该理论认为，流动人口与流入地的机会成正比，与对机会的制约成反比。此处的机会是指工作机会或就业机会。罗斯（A. M. Rose）则重点研究了流动中"距离与机会"的关系。伯福德（R. L. Burford）提出"心理距离"这一概念，且认为，同一地区先流出的人口及其流向对于后流出的人口会有重大影响。②

关于迁移原因的研究，最著名的要数伯格（D. J. Bogue）的所谓"推拉理论"。流出地与流入地的推力与拉力，分别被当作解释不同群体流动差异性的独立变量。③

关于发展中国家人口迁移的研究，主要是经济学的研究。刘易斯1954年首次提出、后来又多次修改完善形成发展中国家农村劳动力转移模式的理论，他将经济部门划分为两大部门，即：生产率非常低乃至为零值、有着大量剩余劳动力的农村传统部门以及高生产力的现代化城市工业部门。他把传统部门称为维持生计部门。传统部门的劳动力逐渐向现代工业部门转移，劳动力的供

---

① 这部分内容主要转引自龚维斌的研究，在此致谢。参见龚维斌《劳动力外出就业与农村社会变迁》，文物出版社1998年版。
② 参见龚维斌《劳动力外出就业与农村社会变迁》，文物出版社1998年版，第4—6页。
③ 同上书，第6页。

给是无限的,传统部门是现代部门劳动力的"蓄水池"。现代部门中产出的扩张造成了农村向城市的劳动力转移,以及城市就业的增长。费景汉和拉尼斯认为,"刘易斯模型"没有考虑到农业本身对工业部门的贡献,因此他们在"刘易斯模型"的基础上进一步提出了农业剩余劳动力向工业转移的先决条件是农业劳动生产率的提高和由此产生的剩余产品总量的增长。①

托达罗注意到了农村人口向城市的过度迁移带来城市就业状况恶化的情况。他认为农村人口向城市迁移在两方面加剧了农村与城市之间的结构失衡。他说:"当今必须把人口迁移看作是引起城市剩余劳动力这种普遍现象的主要因素,看作是继续使城市和农村地区之间的经济和结构的失衡引起城市失业问题更加恶化的一个主要力量。"② 之后他建立了著名的托达罗模型。

舒尔茨从人力资本投资的角度对人口迁移现象进行了研究。他认为:"个体在期望迁移会为其带来更大好处,也就是说收益大于成本时才迁移。迁移的收益在一段时间后可以得到,而迁移本身就是一种投资。"③

2. 有关劳动力转移与城市化的研究

欧美国家对农村劳动力流动和城市化的研究在19世纪下半叶就开始了。A. F. 韦伯早在1899年就发表了《19世纪的城市发展,统计研究》一书。该书以统计资料论述了世界各大洲主要国家农村人口向城市流动和城市发展的状况。英国较早研究农村劳动力流动的经典之作要数 A. 雷德福的《英格兰的劳动流动(1800—1850)》(1926年出版)。该书对英国农村劳动力流动的原因、流动方式、国际移民等都有较详细的叙述。法国、美国和德国都有

---

① 参见龚维斌《劳动力外出就业与农村社会变迁》,文物出版社1998年版,第11页。参见阿瑟·刘易斯《二元经济论》,北京经济学院出版社1989年版,第156页。
② 托达罗:《经济发展与第三世界》,中国经济出版社1992年版,第235页。
③ 舒尔茨:《论人力资本投资》,北京经济学院出版社1990年版,第200—210页。

❖ 第一章 农民工市民化研究文献述评 ❖

诸多关于劳动力流动和城市化的著作。① 英、美、法、德四国都是最先实现工业化的欧美大国，农村劳动力向城市的转移开始得早，城市化进程最快，最具代表性。这几个国家人口的流动基本上是自发的，但政府的政策不无影响。②

具体来说，英国人口转移的特点是：开始时间早，流动规模大，女性流动多于男性，对外移民多。③ 英国的强制市民化模式的形成，生产方式的变革与社会经济结构的大变动是推动农村劳动力向城市流动的决定性因素。④ 人口的大规模流动导致城市人口急剧增加，工业化导致城市化。因此，英国成为世界上第一个实现城市化的国家。⑤

英国的工业革命和城市化浪潮影响到了美国。1870年之前，乡村社会是美国社会的主要特征。美国农村人口的非农化主要是走了一条以自由迁移为主的道路。到1920年时，美国的城市居民人数已超过农村，初步实现了城市化。⑥

法国于19世纪初开始工业化进程。但是法国农村劳动力转移历程的时间跨度大，体现了缓慢性、渐进性及地区的不平衡性。⑦ 法国的农村劳动力转移的后果是，推动了农业的现代化，也促进了法国的城市化。⑧ 19世纪的法国的城市化的特点是，工业化城市发展快；郊区发展快；19世纪初城市化不平衡；法国的城市化

---

① 王章辉、黄柯可主编：《欧美农村劳动力的转移与城市化》，社会科学文献出版社1999年版。
② 同上。
③ 同上书，第41—43页。
④ 黄国清、李华、苏力华、杨同华：《国外农民市民化的典型模式和经验》，《南方农村》2010年第3期。
⑤ 王章辉：《英国文化与现代化》，辽海出版社1999年版，第139页。
⑥ 王章辉、黄柯可主编：《欧美农村劳动力的转移与城市化》，社会科学文献出版社1999年版，第67页。
⑦ 王家宝：《法国人口与社会》，中国青年出版社2005年版，第71页。
⑧ 王章辉、黄柯可主编：《欧美农村劳动力的转移与城市化》，社会科学文献出版社1999年版，第184页。

地区差异大；城市中的贫困阶层扩大。20 世纪后，法国的城市化继续循序渐进。①

德国在 19 世纪之前是一个封建农奴制占统治地位的农业国家。长期处于诸侯割据、政治上四分五裂的状态。德国的工业革命使其国家经济结构发生了很大变化，它用了半个多世纪的时间完成了国家的工业化。② 德国农村劳动力转移是社会生产力发展的必然趋势和结果。伴随社会生产力发展和农村劳动力转移，德国开始了城市化进程，且速度不断加快。③

除此以外，韩国和日本作为当代城市化水平相当高的国家，这两个国家城市化进程中的一些经验也值得参考和借鉴。

韩国是发展中国家中农村剩余劳动力转移速度最快的国家。其特点是选择了集中型转移方式，其农村剩余劳动力主要涌向大城市。大力吸引外资，利用雄厚的资金发展经济，为经济腾飞和农村剩余劳动力转移提供了资金保证。在经济起飞初期都实行了以劳动密集型工业为重点的工业发展战略。日本政府针对本国人多地少、资源短缺的特点，对农村剩余劳动力转移进行了有效干预，走出了一条有别于欧美的"跳跃式转移"和"农村非农化转移"相结合的道路，特点是废除劳动力自由迁徙的限制，大力提高国民受教育水平。非农产业飞速发展导致对农村劳动力的稳定吸纳。政府积极的劳动力转移政策为农民非农化过程创造了有利条件。④

3. 社会学视角相关的经典研究

从传统到现代的视角看，农民工市民化研究实际上是人的

---

① 王家宝：《法国人口与社会》，中国青年出版社 2005 年版，第 101 页。
② 王章辉、黄柯可主编：《欧美农村劳动力的转移与城市化》，社会科学文献出版社 1999 年版，第 143—179 页。
③ 同上书，第 218—256 页。
④ 黄国清、李华、苏力华、杨同华：《国外农民市民化的典型模式和经验》，《南方农村》2010 年第 3 期。

❖ 第一章 农民工市民化研究文献述评 ❖

现代化问题的研究,伴随现代化的进程,经典社会学家对相应的问题早有论述。譬如,列宁指出:"外出做非农业的零工是进步的现象,它把居民从偏僻的、落后的、被历史遗忘的穷乡僻壤拉出来,卷入现代社会的旋涡中,它提高了居民的文化程度及觉悟,使它们养成文明的习惯和需要。"① 社会学的经典大家中,代表性的人物与观点有迪尔凯姆有关机械团结与有机团结的研究、梅因关于"身份社会"与"契约社会"对立的研究、福柯和齐美尔对市民及市民心理的研究、滕尼斯关于"礼俗社会"与"法理社会"关系的分析、韦伯关于"前现代社会"与"现代社会"对立的阐述、帕森斯关于五种模式变量的分析、雷德菲尔德关于"俗民社会"与"都市社会"、英克尔斯对现代化进程中人的特性转变的论述、吉登斯关于从传统活动场合解放出来的群体趋向选择多元生活风格的分析等思想与观点,都可以看成是人的现代化研究的基本理论,当然我们可以认为,这些成果成为当前中国社会转型期农民工市民化研究的思想理论基础。

(二) 部分海外中国学者对农民工的研究

海外中国研究中的学者中,有旅居海外的华人研究者,也有对中国问题颇感兴趣的外国研究者。

爱尔兰学者瑞雪·墨菲博士通过深度的田野调查,论述了中国农民工返乡对中国农村地区的影响。在研究方法上,他克服了现代化理论的中心——边缘和结构主义的宏观——微观的二分,保留了对多层次分析——即社会网络塑造农民外出打工过程并反过来受到这种打工过程塑造的方式,以及在原住地和目标地的外出打工策略与社会经济变化之间的反馈机制的有争

---

① 《列宁全集》第3卷,人民出版社1959年版,第527页。

议的洞见。① 他以价值观、目标及资源环境之间的相互作用为焦点,是一种以社会行动者的能动和主体性(以及对环境因素的组合的改变)为中心来解释农民工如何改变中国农村的方式。② 他认为,外出打工开阔了农民的视野,提供了他们对资源的获取能力,增加了他们实现目标的机会。他认为,农民外出打工和返乡是对原有的多样化策略的拓展,而且受益于来自农村内部的价值和资源,同时也将新的价值观和资源引入农村社会。③ 中国返乡农民工事实上是提高了农村贫困人口的生活水平。他认为,农民工成为农村和城市之间的联结,并引起了人员、技术、资金、商品和信息的回流。农民工拥有改变农村的巨大潜力,特别是对那些远离城市和其他信息交换媒介的地区而言。④

美国学者苏黛瑞以生活在中国城市边缘的农民流动者为研究对象,揭示了市场、农民流动者以及消退中的国家计划体制之间复杂的动态关系,呈现了农民流动者是如何在不利的环境中生存、抗争并催生新的公民权模式的。她的研究也证明了市场的出现不会简单地将外来者转化为市民。⑤

三 简要评价

国内有关农民工市民化的多学科、多视角的研究充分说明,农民工问题是当代中国社会转型时期的重大问题,农民工市民化的进程将直接影响我国城市化的质量与水平,也是我国现代化进

---

① [爱尔兰]瑞雪·墨菲:《农民工改变中国农村》,黄涛、王静译,浙江人民出版社2009年版,第20页。
② 同上书,第21页。
③ 同上书,第206页。
④ 同上书,导言第1页。
⑤ [美]苏黛瑞:《在中国城市争取公民权》,王春光、单丽卿译,浙江人民出版社2009年版。

第一章 农民工市民化研究文献述评

程中难以回避的现实问题和理论问题。

国外有关农村劳动力向城市转移和城市化的研究情况来看,虽然其特点及具体效果差别较大,有利有弊。但总体上看,农村人口向城市的转移,推动了城市和农村社会结构的变迁,农村人口的城市化推动了公共事业的进一步发展,促进了人们的思维方式和生活方式的改变,加快了政治民主化的进程,促进了这些国家从农业社会向工业社会转变的进程。有一个共同的特点就是这些国家的农民一旦转移到城市,就自动取得城市市民的身份,成为城市市民的一部分。不存在类似我国的户籍制度等原因所造成的农民工与市民的制度分别和差异,更不存在着类似我国农民工的在城市与农村原住地之间季节性的"候鸟式"[①]或"钟摆式"转移现象。

这说明中国的农村劳动力转移过程中出现的农民工市民化问题受到制度制约影响很大。海外中国学者的研究关注当前中国社会转型期的特殊现象,也说明中国研究在国外学者眼中的地位,也反映了中国社会转型对世界全球化过程的影响。社会学经典名家的研究更是说明了社会学研究中的基本问题就是"个人与社会的关系"问题,在转型中国社会中更应加强人的现代性的研究。

总而言之,国内外已有的研究成果为本研究提供了重要的理论资源和现实案例,对本研究有诸多的启示,但是通过研读文献,我们认为,现有研究成果还有进一步探讨的空间。在新型城市化背景下,在众多学术眼光瞄准东部发达地区城市化、关注东部地区农民市民化的学术话语中,如何有序推进西北地区城市农民工市民化问题,显得尤为重要也很有必要。

---

① 黄国清、李华、苏力华、杨同华:《国外农民市民化的典型模式和经验》,《南方农村》2010年第3期。

具体可以从以下几方面拓展我们的研究：

第一，从研究地域看，关注的基本都是东部发达城市的从业的农民工，而较少关注欠发达地区、民族地区，尤其缺乏对西北民族地区城市化程度较低城市中从业的农民工市民化问题研究。西北地区与东部地区相比，经济社会发展差距大，地域环境也有很大不同。

第二，已有的研究缺乏一种地域之间的比较，通过西部城市农民工市民化的研究能否提出一种新的市民化模式？并与已有的模式相比较。

第三，学科理论视角的进一步拓展，从社会运行论、社会转型论及社会互构论的视角来分析，试图以中国特色社会学理论阐释本土现实问题，探索不同地域农民工市民化的模式，丰富市民化研究的理论视野，为合理、有序推进农业转移人口市民化政策取向上提出差别化的政策建议，以期形成农民工市民化研究的"地方经验"。

鉴于此，本书想探讨的问题是通过对社会转型急剧加速期，农民工在市民化过程的自身意愿和能力如何？国家推动的市民化动员机制包含哪些？农民工将采取怎样的市民化策略等？都是本研究所重点关注的具体问题。进而，我们在社会互构论的理论框架下，探索在农民工市民化的过程中，农民工个人、国家、市场和市民等社会行动主体关系的互构共变，互构主体、互构时空和互构效应究竟将会呈现什么样的特征？探讨在"社会实践结构性巨变"下，农民工的"现代性成长"的逻辑。据此，我们将尝试提出西北城市农民工市民化的模式或类型。

第二章 特定时空背景下的农民工

一 农民工的历史与现状

(一) 农村流动人口概述

中国历来是一个农业大国,土地是农民赖以生存的基本条件和资料。农村剩余劳动力流动的出现由来已久。历史上,农村流动人口被称作是"流民"、"移民"、"游民"等。在古代,农民们的生产技术手段落后,基本上靠天吃饭,人们抵御自然和社会风险的能力极其脆弱,一旦有"土地兼并、沉重税负杂役、天灾人祸"[1]等情况发生,这些人就失去土地,无所依靠被迫流亡他乡,寻求生存的出路,成为流动人口,史称"流民"。也有学者将历史上出现"流民"的动因归结为"生产萎缩型、生产过剩型(或者生产饱和型)、灾变型和社会结构变迁时特有的'结构变迁型'"人口流动。[2]但传统意义上的流民和现代意义上农村流动人口还是有一定区别的。[3]

近代以来,帝国主义列强用坚船利炮打开了古老中国的大门,

---

[1] 池子华:《中国古代流民综观》,《历史教学》1999 年第 2 期。
[2] 王家范:《中国古代的流民问题》,《探索与争鸣》1994 年第 5 期。
[3] 张素薇:《现代农村流动人口与传统流民之间的差异——从发生条件上考察》,《学习月刊》2010 年第 5 期下旬刊。

使中国从传统的封建专制主义国家沦为半封建半殖民地国家。西方商品经济涌入，中国一直以来的自然经济开始解体，让大批农民失业，出现众多的农民失业者和农村剩余劳动力。而以洋务运动为代表的中国近代工业化运动却为众多的农村失业者和农村剩余劳动力带来了新的就业机会。与此同时，这一工业化运动的发展和农民的非农化，进一步加速了当时中国自然经济的解体与衰落。西方资本主义工商业在中国的发展和先进技术的涌入，中国社会结构开始转型。伴随社会转型，在当时中国经济较为发达的地区，农民自身的价值观念也在不断发生变化，这种价值观念的变化，使得农民在工业、商业和农业之间寻求一种经济位差，来决定流动与否，抑或是被迫的。①

辛亥革命后至新中国成立前，由于帝国主义的侵略和国民党的腐败统治，加上连年战乱，在旧中国造成了严重的失业现象，存在大批的失业人口，不仅有农业失业人口，还包括大批的失业知识分子和失业工人。

实际上，新中国成立之初，中国是典型的农业国家。1949年年末中国总人口为54167万人，其中农村人口为48402万人，约占全国总人口的89.36%，城镇人口5765万人，约占全国总人口的10.64%，而且大量农村人口中有诸多失业者。人民政府在解决劳动就业问题上做了许多工作，取得了不少成效。其中，在农村中有4亿多农业人口完成了土地改革，农民分得了土地从事农业生产，农业失业人口比以前大大减少。当时法律规定，无论农民还是市民都可以在全国自由流动，所以当时中国城乡之间的人口流动是非常频繁的，但新中国成立的前3年基本没有大规模地出

---

① 池子华：《近代中国社会的转型和流民现象的发生》，《社会科学家》1993年第5期。

❖ 第二章 特定时空背景下的农民工 ❖

现农民进城务工现象。① 但是在进行工商业的社会主义改造过程中难免也重新出现一些失业者,农村土地本来不足,农村剩余劳动力仍有大量剩余。如果不加紧在农业、林业、牧业、副业和手工业设法解决,农村剩余劳动力将会更多。"农村中的剩余劳动力目前是在无组织无计划地盲目地向城市流动着,这也增加了城市中的失业半失业现象"②。因此,1952 年前后,开始又有农民往城市流动,此后几年进城的农民越来越多,大批农民进城后转为企业工人。在这种情况下,1952 年城市人口为 7000 万人,到 1960 年达到了 1.3 亿人,城市化率达到 19.7%。③ 1955 年开始,农村人口大规模流动,城市不堪重负,且因农村劳动力大量流失,城镇粮食供应困难,国家开始对城镇流动人口进行疏散。到 1957 年出台了限制和扭转农民向城镇流动的政策法规并严格执行。

1958 年及其后,《中华人民共和国户口登记条例》颁布实施,明确规定:"公民由农村迁往城市,必须持有城市劳动部门的录用证明,学校的录取证明,或者城市户口登记机关的准予迁入的证明,向常住地户口登记机关申请办理迁出手续。"这一严格的城乡"二元分治"户籍制度,使农民向城市流动、迁移之路基本上被堵死,更不要提农民进城务工了。

可以看出,计划经济条件下,由于户籍制度的严格限制,城乡之间的劳动力迁移是不可能轻易实现的,城市化进程也十分缓慢。有统计数据表明,1949 年新中国成立时中国的城市化率为 10.64%,到 1960 年达到了 19.7%。而 1978 年末中国总人口为 96259 万人。其中乡村人口是 79014 万人,约占全国人口的

---

① 王道勇:《中国农民工的未来》,云南出版集团、云南教育出版社 2013 年版,第 20 页。
② 参见《政务院关于劳动就业问题的决定》,一九五二年七月二十五日政务院第一百四十六次政务会议通过,一九五二年八月六日发布。
③ 王道勇:《中国农民工的未来》,云南出版集团、云南教育出版社 2013 年版,第 21 页。

82.08%，城市人口是 17245 万人，约占全国总人口的 17.92%。1978 年末中国的城市化率还不到 18%，中国的城市化进程不仅缓慢而且还出现倒退。从社会运行论来看，此时的中国经济社会发展处于恶性运行和畸形发展状态。

（二）现阶段的农民工及其特点

农民工是在我国特定户籍制度和改革开放后大量农村剩余劳动力转移过程中出现的特定称呼，是作为户籍身份的"农民"和作为职业身份的"工人"的混合体。新中国成立后，我国在城乡"二元结构"的分割体制下，按照户籍制度，将乡—城居住的人口，按照从事职业的不同划分为"农业户口"和"非农业户口"。

1978 年底改革开放后，一些有关劳动力迁移的制度性的限制性因素逐渐松动和消除，由此出现了农民工。张雨林在江苏省吴江县县属镇的调查中"接触到了这样一种类型的劳动者，他们被接纳到附近的县属镇做工，其中绝大多数是常年工，但户口却在农村，保留着人民公社社员身份，由生产队供给口粮（实行'包干到户'责任制后，改为划给'口粮田'），生产队提取他们所挣得的工资的一部分作为公共积累，人们称他们为'农民工'"[①]。陆学艺等人认为，农民工产生于 20 世纪 70 年代末 80 年代初，农民工是农村阶层分化中的一种特殊现象。一方面，城乡第二、三产业的发展吸收了大批农村剩余劳动力，使他们从农民职业转变为工人职业；另一方面，国家的户籍制度又严格限制"农转非"，使他们法定的保留着农民身份，即使常年在城镇从事第二、三产业劳动并以此为谋生手段，但户籍在农村，仍不能改变其就业身

---

① 张雨林：《县属镇中的"农民工"——江苏省吴江县的调查》，《社会学通讯》1984 年第 1 期。又见《社会学研究》编辑部编：《社会学纪程（1979—1985）》，中国展望出版社 1986 年版，第 263 页。一般认为，"农民工"这一称谓随后逐渐被广泛使用。

❖ 第二章 特定时空背景下的农民工 ❖

份。因此,他们成为兼有工人和农民职业特点的一个特殊阶层。人数仅次于农业劳动者阶层。① 他们亦工亦农,亦城亦乡,具有很强的流动性。因此,一般情况下,人们通常将流动人口和农民工看作是同义语,不做区分。但事实上,农民工作为农村流动人口群体的一部分,他们之间是有区别的。

那么,何谓农民工?农民+工人=农民工?农民工这一称谓,看似简单,实际上既较为准确地表达了这一群体的双重身份,也凸显了农民工群体处于城市人和农村人之间的边缘人身份,更深层面则是中国城乡分治的"二元户籍"制度带来的尴尬。

陆学艺、王春光等人认为,农民工是指拥有农业户口、被人雇用去从事非农活动的农村人口。这一定义不仅包括外出务工的绝大部分农村流动人口,而且包括在农村就地为其他人从事有偿的非农活动的农村人口。② 郑杭生认为,农民工正是从理想农民走向理想市民的过程中出现的一个长期生存于城乡之间、游离于主流的边缘群体。③ 李培林从社会流动的视角考察农村劳动力向城市的流动,提出了"流动民工"的概念。他认为,"流动民工"具有以下属性,"一是在地域上从农村向城市、从欠发达地区向较发达地区的流动;二是在职业上从农业向工商服务等非农产业的流动;三是在阶层上从低收入的农业劳动者阶层向比其高的职业收入阶层流动"。④ 孙立平则认为,"农民工这个词表明的不仅仅是一种职业,也不仅仅是一种社会身份或社会地位,而是一种社会身份和职业的结合。农民工这个职业身份群体,反映的是一种极

---

① 陆学艺主编,苏国勋、李培林副主编:《社会学》,知识出版社1996年版,第194页。
② 陆学艺主编:《当代中国社会流动》,社会科学文献出版社2004年版,第307—308页。
③ 郑杭生:《农民市民化:当代中国社会学研究的重要主题》,《甘肃社会科学》2005年第4期。
④ 李培林:《流动民工的社会网络与社会地位》,《社会学研究》1996年第4期。

为矛盾的现实。他们的户口是农村的,但其基本的活动场所却在城市中。"① 这是由一系列的制度安排造成的。

二 转型加速期农民工群体的结构

农民工作为中国社会转型中的特殊现象,是当代中国社会变迁的必然结果。从社会变迁的过程和他们的本质属性看,农民工已经具备了产业工人的基本性质,以至于有学者认为农民工应该属于新产业工人阶层。但是由于城乡二元户籍制度的限制,农民工成为中国社会转型中出现的一个数量庞大、身份性质最为特殊的群体。

(一) 农民工群体的基本特点

农民工群体的基本特点是数量庞大,流向地域分布广泛,呈连年递增趋势。随着经济的发展和农民工就业政策的变化,农民工的流向和规模大约经历了3个阶段。一是20世纪80年代,以就地转移为主,乡镇企业是农民工就业的主要渠道。这一阶段,农民工群体的总规模从80年代初的200万人左右迅速增加到1989年的3000万人。二是20世纪90年代,以跨地区流动为主,城市成为农民工就业的主要地域。农民工群体总规模达到了1亿人左右,他们的流动范围扩大,跨省流动比重大幅上升。三是21世纪以后,农民工总规模增长稳中趋缓。②

《2012年全国农民工监测调查报告》表明,据抽样调查结果推算,2012年全国农民工总量达到26261万人,比上年增加983万人,增长3.9%。其中,外出农民工16336万人,增加473万

---

① 孙立平:《城乡之间的"新二元结构"与农民工流动》,载李培林主编《农民工——中国进城农民工的经济社会分析》,社会科学文献出版社2003年版,第152页。
② 中国发展研究基金会编:《中国发展报告2010——促进人的发展的中国新型城市化战略》,人民出版社2010年版,第24—25页。

人，增长3.0%。住户中外出农民工12961万人，比上年增加377万人，增长3.0%；举家外出农民工3375万人，增加96万人，增长2.9%。本地农民工9925万人，增加510万人，增长5.4%。见表1所示。①

表1　　　　　　　　　农民工数量　　　　　　　单位：万人

	2008年	2009年	2010年	2011年	2012年
农民工总量	22542	22978	24223	25278	26261
1. 外出农民工	14041	14533	15335	15863	16336
（1）住户中外出农民工	11182	11567	12264	12584	12961
（2）举家外出农民工	2859	2966	3071	3279	3375
2. 本地农民工	8501	8445	8888	9415	9925

数据来源：国家统计局网站，2013年5月27日公布。

《中华人民共和国2013年国民经济和社会发展统计公报》数据显示，2013年全国农民工总量为26894万人，比上年增长2.4%。其中，外出农民工16610万人，增长1.7%；本地农民工10284万人，增长3.6%。②

很明显，农民工的数量在不断地增加，2012年全国农民工数量是26261万人；2013年全国农民工的数量已经达到了26894万人。一年间农民工数量增加633万人。可见，农民工数量非常庞大，而且连年递增。

农民工主要流向了经济发展较快，用工需求较多的东部地区，2009年随着中、西部经济发展步伐加快以及由于东部地区遭受国

---

① 参见国家统计局2013年5月27日发布的《2012年全国农民工监测调查报告》。http://www.stats.gov.cn/tjfx/jdfx/t20130527_402899251.htm。
② 国家统计局：《中华人民共和国2013年国民经济和社会发展统计公报》2014年2月24日发布。其中年度农民工数量包括年内在本乡镇以外从业6个月以上的外出农民工和在本乡镇内从事非农产业6个月以上的本地农民工两部分。

际金融危机影响，外出农民工的分布区域有所变化，在东部地区务工的人员下降，中、西部地区务工的农民工逐渐增多。

《2012年全国农民工监测调查报告》显示，在中西部地区务工的农民工数量较快增长。从农民工的就业地区来看，2012年在东部地区务工的农民工16980万人，比上年增加443万人，增长2.7%，占农民工总量的64.7%，比上年降低0.7个百分点；在中部地区务工的农民工4706万人，比上年增加268万人，增长6.0%，占农民工总量的17.9%，比上年提高0.3个百分点；在西部地区务工的农民工4479万人，比上年增加263万人，增长6.2%，占农民工总量的17.1%，比上年提高0.4个百分点。分省看，农民工就业地区主要分布在广东、浙江、江苏、山东等省。与上年相比，广东、浙江、江苏、上海、河北、重庆等省市的比重有所下降。如图1所示。①

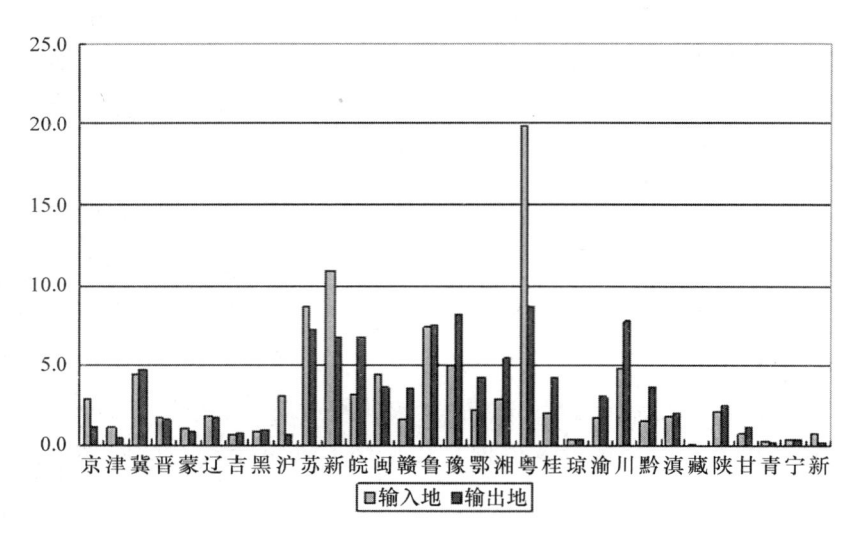

图1　2012年农民工在输入地与输出地的分布（%）

资料来源：国家统计局，《2012年全国农民工监测调查报告》。

---

① 参见国家统计局2013年5月27日发布的《2012年全国农民工监测调查报告》。

（二）农民工的人口特征

据国家统计局数据显示，数量庞大的农民工中，主要以男性为主，年轻农民工比重逐年下降，以初中文化程度为主，青年农民工和外出农民工文化程度相对较高。[①] 分性别看，男性农民工占66.4%，女性占33.6%；分年龄段看，农民工以青壮年为主，16—20岁占4.9%；21—30岁占31.9%；31—40岁占22.5%；41—50岁占25.6%；50岁以上的农民工占15.1%。调查资料显示，40岁以下农民工所占比重逐年下降，由2008年的70%下降到2012年的59.3%，农民工平均年龄也由34岁上升到37.3岁。如表2所示。

表2　　　　　　　　农民工年龄构成　　　　　　单位：%

	2008年	2009年	2010年	2011年	2012年
16—20岁	10.7	8.5	6.5	6.3	4.9
21—30岁	35.3	35.8	35.9	32.7	31.9
31—40岁	24.0	23.6	23.5	22.7	22.5
41—50岁	18.6	19.9	21.2	24.0	25.6
50岁以上	11.4	12.2	12.9	14.3	15.1

资料来源：国家统计局网站，2013年5月27日公布。

从文化程度构成方面看，在农民工中，文盲占1.5%，小学文化程度占14.3%，初中文化程度占60.5%，高中文化程度占13.3%，中专及以上文化程度占10.4%。外出农民工和年轻农民工中高中及以上文化程度分别占26.5%和36.4%。外出农民工的受教育水平高于本地农民工，农民工受教育水平又明显高于非农

[①] 参见国家统计局2013年5月27日发布《2012年全国农民工监测调查报告》。

民工。与上年相比，30 岁以下年轻农民工组高中及以上文化程度比重增加 2.4 个百分点，明显高于其他组农民工。如表 3 所示。

表 3　　　　　2012 年农民工的文化程度构成　　　　单位：%

	非农民工	全部农民工	本地农民工	外出农民工	30 岁以下青年农民工
不识字或识字很少	8.3	1.5	2.0	1.0	0.3
小学	33.8	14.3	18.4	10.5	5.5
初中	47.0	60.5	58.9	62.0	57.8
高中	8.0	13.3	13.8	12.8	14.7
中专	1.5	4.7	3.3	5.9	9.1
大专及以上	1.4	5.7	3.6	7.8	12.6

资料来源：国家统计局网站，2013 年 5 月 27 日公布。

（三）农民工群体类型及分化

农民阶级是目前人数最多、构成日趋复杂的一个阶级。新中国成立之初一直到 20 世纪 70 年代末期，中国近 8 亿农民用社员这个名称基本上就可以概括了。但 70 年代末 80 年代初，农村开始实行以家庭联产承包制为中心的一系列改革开放政策，并随着农村商品经济的发展，农村的经济成分和产业结构也开始分化，虽然农民集体占有土地的所有制内容没有变，但农民的经营方式变化了，职业类型分开了、就业身份不同了、贫富差距拉大了，并且随之出现了多样化的农村生活方式和价值观念。目前中国农民实际上已经分化成若干个经济利益、社会地位、生活方式和价值观念不同的阶层，而且还在进一步分化之中。①

---

① 陆学艺主编，苏国勋、李培林副主编：《社会学》，知识出版社 1996 年版，第 193 页。

第二章 特定时空背景下的农民工

农民工有两类：一类是离土离乡的。他们在城市的厂矿、机关、商业、服务行业劳动，为数最多的是从事采矿、建筑等职业劳动，也有一些流动到经济发达地区的乡镇企业里去做工。他们多从事体力劳动，与城镇正式职工相比，不享受城镇居民的各种补贴，不享受国家和企业的各种劳保待遇和社会保障；与大多数农业劳动者相比，他们有某种专门技术，生活方式接近于城镇职工，无论收入和生活，都较农村优越。另一类是离土不离乡的。他们在本乡村的乡镇企业里工作，或者在附近城镇的工厂、商店、机关等单位里工作，早出晚归，住在农村的家里。他们中的多数还耕种着原集体经济的粮田，不过主要精力已经放在工厂企业，主要收入也来自工厂企业，务农只是副业而已。这类农民工是主体，但随着城乡第二、三产业的发展，这两类农民工都会继续增加。

还有雇工阶层，是指受雇于私营企业或个体工商户的具有农民身份的雇工。农民雇工与农民工职业类型类似，但就业身份不同。农民工受雇于乡镇企业或国有企业，为集体或国家提供劳动；雇工则受雇于私营企业或个体工商户，他们与雇主之间的劳资关系带有某种资本主义的雇佣性质。[①]

伴随改革开放的深入推进，当代中国社会转型加速，中国城乡二元社会之间的流动加快。不同时代背景出生的农民工，他们之间的个体人格、性格乃至社会态度有很大的区别，包括外出动因和对未来的预期都是不完全一样的，因此将农民工群体当作一个同质的整体来观察是有误差的，实际上农民工群体开始分化，农民工群体在文化程度、行为观念和社会态度方面的异质性也逐渐增强。譬如，刘传江将农民工划分为第一代农民工和第二代农

---

① 陆学艺主编，苏国勋、李培林副主编：《社会学》，知识出版社 1996 年版，第 194—195 页。

民工。① 他认为，第一代农民工是在20世纪80年代中期至90年代"离土"进城的农村劳动力。他们外出打工是"暂时性的挣钱谋生，将农村和耕地作为'退可谋生'的底线"，他们在文化观念、劳动条件、生存环境和自身素质等方面更像农民，其社会角色是介于城乡的边缘人群，这是传统意义上的农民工，具备传统农民的特征。第二代农民工是指1980年以后出生、20世纪90年代后期开始进入城市打工的农民工。这一群体大多是中小学毕业或辍学后直接进入"民工潮"大军，几乎没有农耕经历。由于成长环境和接受教育的不同，这两代农民工有着不同的社会认同感和生活期望值，从而导致他们不同的个人行为选择。朱启臻等人也持类似的观点，他们认为可以把改革开放初期进城打工的那一代农民工界定为老农民工，或称为第一代农民工；将出生在改革开放后进城打工的农民工称为新一代农民工，或第二代农民工、新生代农民工。两代农民工群体的在受教育程度、就业领域、就业动机和生活方式上有显著差别。②

王春光则提出"新生代农村流动人口"这一概念。③ 这一概念有两层含义，一是他们的年龄在25岁以下、于20世纪90年代外出务工经商的农村流动人口，他们与第一代农村外出流动人口在社会阅历上有着明显的差别；另一层含义是他们不是第二代农村流动人口，因为他们毕竟不是第一代农村流动人口在外出过程中出生和长大的，而是介于第一代和第二代之间的过渡性农村流动人口。有的研究者把农民工划分为三代，如杨婷认为自20世纪90年代初出现"民工潮"至今，农村已经走出了三代农民工，分别

---

① 刘传江：《中国农民工市民化研究》，《理论月刊》2006年第10期。
② 朱启臻、马腾宇：《不同类型农民工市民化诉求》，《农村金融研究》2011年第4期。
③ 王春光：《新生代农村流动人口的外出动因与行为选择》，载李培林主编《农民工——中国进城农民工的经济社会分析》，社会科学文献出版社2003年版，第197页。

❖ 第二章 特定时空背景下的农民工 ❖

是1960—1969年代出生的、1970—1979年代出生的、80年代以后出生的。① 杨竹、陈鹏认为不同的出生年代会经历不同的人生经验和生活机遇,而这可能使他们的思想意识发生变化,因此他们根据出生年代,将农民工分为1956—1966年、1967—1976年、1977—1985年出生组,进而探讨他们外出就业动机的差异及变化趋势。② 还有学者根据农民工全年的务工时间、城市的融入程度、流动范围为标准,分为兼业农民工与全职农民工;已经融入城市、正在融入城市和未融入城市的农民工;省内流动与跨省流动的农民工等。③

可以看出,这些对农民工代别或类型的区分及其研究成果进一步说明了农民工群体内部的复杂性,这一群体已经开始分化。在此,本研究无意再对农民工的代际情况及类型进行深入探讨,仅仅是为了说明这样一个事实,即农民工群体已经是一个异质性很强的群体,不同时代出生的农民工,由于不同的生活情境、社会经历和人生体验,会影响人们的行为动因和选择建构,进而他们各自对外来的预期是有区别的。布迪厄说:"社会现实是双重存在的,既在事物中,也在心智中;既在场域中,也在惯习中;既在行动者之外,也在行动者之内。"④

因此,农民工作为一个社会行动主体,他的行为动因受其社会场域和惯习的互动的影响,他在其社会场域和惯习中不断互构才逐渐形成其选择。这也将会体现他们对有序推进农业转移人口市民化问题的不同态度。在某种意义上说,中国在积极推进工业化、信息

---

① 杨婷:《有个人群叫农民工》,《中国经济时报》2004年10月27日。
② 杨竹、陈鹏:《转型期农民工外出就业动机及代际差异——来自珠三角、长三角及中西部农民工的实证调查分析》,《农村经济》2009年第9期。
③ 朱启臻、马腾宇:《不同类型农民工市民化诉求》,《农村金融研究》2011年第4期。
④ 布迪厄、华康德:《实践与反思——反思社会学引论》,中央编译出版社1998年版。

化和新型城市化的这一战略机遇期,改革城乡二元户籍制度,将会促进城乡二元社会结构的融合,打破城乡分治,促进社会的公平与正义,中国城乡的社会流动会加速,社会流动将会带来农民工的分化与分层,而这一结果,将有利于推动农民工市民化。

三　西北城市农民工的类型

(一)农民工的大致类型

改革开放初期,第一代农民工群体的主体主要是农村剩余劳动力,由于农地的低产出和生活成本的提高,使得他们把向非农产业流动作为他们提高收入的途径。因此,他们在农闲时外出打工赚钱,主要目的是谋生和贴补家用,以解决农民家庭有限的低收入和日益增长的生活支出的突出矛盾。因此他们流动的去向主要是东南沿海等经济较发达地区,这些地方经济发展较快,就业机会多但缺乏劳动力,第一代农民工就是为了挣钱的单一目的,成了他们流入经济较发达地区的直接原因。

1992年邓小平南方谈话之后,中国又一次开启了加快经济建设的步伐,一部分人"辞职、下海经商",南下东南沿海地区寻求发展自身的机会,但更多的还是处于不停流动的农民工群体。因此,东南沿海等经济发展较快的地区成为农民工流入的主要地区。新生代或第二代农民工也加入了"南下"打工的行列。新生代或第二代农民工由于所受教育、生活环境和对外来生活的预期与第一代农民工有很大差别,他们外出打工的目的不仅仅再是为了贴补家用,更多的是由于"不会干农活、不愿意干农活,干农活太辛苦",或者是为了"出门学手艺、见世面,为自己的未来考虑,向往城市生活"而外出打工的。笔者调查时也证实了这一情况。我问道:"你当时是怎么想到城市的?"他说:"我到这个城市已经十多年了,已经习惯了城市生

❖ 第二章 特定时空背景下的农民工 ❖

活（只是我的户口还不是城市户口，不过我的农村户口不影响我的城市生活）。我不愿意干农活，从小就不愿意干农活。麦子黄了，躺着我也不愿干，一点都不愿干。各家（自己）主观上就一直排斥这个农活，当时就一直在想，看怎么能跳弹着脱离这个地方（老家在农村山区）"。[①] 这个被访者算是比较成功的一位进城打工者。他虽然不是新生代农民工，但他从小非常向往城市生活。他当时离开家来到省城，就是认为干农活太辛苦，又不挣钱，所以要自己想办法外出折腾。他从本省的一个贫困县山区农村来到了省城打工，努力了十多年，做过多种工作但不太稳定。后来在一个商品城租赁了一个柜台，批发、零售一些办公用品。收入、家庭等方面算是基本稳定，今年还凑钱在省城买了一套单元房，已经装修好入住了。和老婆、两个男孩生活在一起，满脸的幸福。

2012 年全国农民工监测调查报告显示，从农民工的就业地区来看，2012 年在东部地区务工的农民工 16980 万人，占农民工总量的 64.7%。

以甘肃省为例，2012 年年末全省常住人口为 2577.55 万人，比上年末增加 13.36 万人。其中，城镇人口 998.80 万人，占 38.75%；乡村人口 1578.75 万人，占 61.25%。男性人口 1316.87 万人，占 51.09%；女性人口 1260.68 万人，占 48.91%[②]。可以看出，甘肃省是一个农业人口占多数的典型农业省，作为中国经济欠发达地区之一，多年来西北地区一直是农民工的重要输出地。

市场经济的特点就是竞争，就是以商品占领市场，以获得利润和回报。我国是社会主义市场经济体制的国家，作为世界市场

---

① MCB01 访谈资料，2013 年 8 月 20 日。跳弹，被访者的方言，意思是折腾、想办法。

② 甘肃省统计局、国家统计局甘肃调查总队：《2012 年甘肃省国民经济和社会发展统计公报》，《甘肃日报》2013 年 4 月 1 日。

经济圈的一个重要组成部分,它的发展也受国际经济气候的影响。2008年以后,由于受国际金融危机的影响,中国东南沿海一些厂商、企业出现了倒闭、停产,用工方面也遭受到严重影响,东南沿海地区的企业、厂商招收的农民工数量有所减少。

虽然受到国际金融危机的严重影响,但是由于中国政府宏观经济调控得力,经济发展速度比较稳定,也深刻地认识到东、西部发展的严重不平衡所带来的巨大差距。

(二) 农民工自身素质状况

进入21世纪以来,为了缩小东、中、西部社会发展的巨大差距和实现社会现代化,中央政府实施西部大开发战略和中部崛起以及东北老工业基地的升级改造工程等一系列区域协调发展战略措施,取得了很大的成效。近年来又启动第二轮西部大开发,整个国家的发展战略在继续以东部发达地区为前导的情况下,开始重点关注中西部地区。

受到国际金融危机的影响,一方面,东部地区用工数量出现减少;另一方面,国家发展战略重点又一次向中西部地区转移,使得中西部地区开始吸纳更多的农民工。从全国农民工的流动去向看,农民工出现向中西部地区回流的现象。譬如从农民工的就业地区来看,2012年在东部地区务工的农民工16980万人,比上年增加443万人,增长2.7%,占农民工总量的64.7%,比上年降低0.7个百分点;在中部地区务工的农民工4706万人,比上年增加268万人,增长6.0%,占农民工总量的17.9%,比上年提高0.3个百分点;在西部地区务工的农民工4479万人,比上年增加263万人,增长6.2%,占农民工总量的17.1%,比上年提高0.4个百分点。①

---

① 参见国家统计局2013年5月27日发布的《2012年全国农民工监测调查报告》。

❖ 第二章　特定时空背景下的农民工 ❖

在笔者调查的所在地——LZ 市务工的农民工，不仅仅是甘肃省本地的农民工，还有来自四川、河南、安徽、湖北、江西、青海、新疆、宁夏、重庆等地的农民工们。笔者通过问卷总共调查了 500 名农民工，其中甘肃籍的 334 人，占 66.8%；四川籍的 58 名，占 11.6%；河南籍 18 名，占 3.6%；安徽籍 17 名，占 3.4%；陕西籍的 11 名，占 2.2%；湖北籍 8 人，占 1.6%；江西籍 7 人，占 1.4%。具体详见表 4 所示。

表 4　　　　　农民工籍贯地分布情况表　　　　单位：人，%

籍贯地	人数	百分比	籍贯地	人数	百分比	籍贯地	人数	百分比
甘肃	334	66.8	湖南	3	0.6	山西	1	0.2
安徽	17	3.4	吉林	2	0.4	陕西	11	2.2
广东	1	0.2	江苏	1	0.2	四川	58	11.6
贵州	6	1.2	江西	7	1.4	新疆	3	0.6
河北	2	0.4	辽宁	5	1.0	浙江	3	0.6
河南	18	3.6	宁夏	5	1.0	重庆	5	1.0
黑龙江	1	0.2	青海	2	0.4			
湖北	8	1.6	山东	7	1.4			
合计					500 人			

资料来源：2013 年 8—10 月笔者问卷调查资料整理所得。

本研究调查数据表明，在甘肃，尤其是本次调研地——LZ 市的农民工仍以本地农民工为主，但也有省外其他地方的农民工，且来源分布非常广泛，不仅有邻近省份的农民工，还有东北、西南及东南等地的农民工。但总体看，省外农民工还是以中、西部地区来源为主，如安徽、河南和四川等地。

在调查中，我们发现，被调查的农民工仍然以男性为主，占 69.6%，已婚者占多数占 77.6%，大多数是小学和初中毕业，占

66.9%，也有大专及以上学历的农民工，有 27 人，占 5.5%。如表 5 所示。

表 5　　　　被调查农民工的性别、婚姻及受教育状况　　　　单位:%

性别	有效百分比	婚姻状况	有效百分比	受教育程度	有效百分比
男	69.6	未婚	21.2	文盲	12.7
女	30.4	已婚	77.6	小学	22.7
		离异	1	初中	44.2
		丧偶	0.2	高中/技校/中专/职高	14.9
				大专及以上	5.5

资料来源：2013 年 8—10 月笔者问卷调查资料整理所得。

我们发现，被调查的绝大多数的农民工在建筑工地务工，很多人都是有一定的技术，起码是熟练工（在这一行当干了 3 年以上的），包括有瓦工（泥水匠）、木工、脚手架工等，像水、暖、电等工种则是需要有一定的操作上岗证（就是要有一定的资质），带工人员有一定的威信。只有个别的农民工是游兵散将，从事的工作不确定，"有什么活就干什么活，只要不违法能挣到钱就行"。因此，流动性强是农民工的一大特点。帕克曾指出，作为一个社会人，人的生存不仅是生理的，他是生活在社会中的，生活在他的希望中，生活在其他人的心目中的。人必须要以某种方式实现他的基本欲求，这些基本欲望有以下几点，"（1）他必须有安全感，即是说有一个家庭；某种出走后而又复归的场所；（2）他必须有新的经历、新的娱乐、新的冒险、新的感受；（3）他必须受到承认，即他必须在所属的那个社会中占有他的地位，必须在他所属的那个组织中是个成员；（4）他不能缺少爱，不能缺少与某人的亲密关系，并从这种关系中感到了一种情感并且知道这种情

❖ 第二章 特定时空背景下的农民工 ❖

感是相互的,即使对方只是一只猫或者狗"①。在我国,农民工正是缺少这种人文关怀,导致了农民工的漂泊和流动性。

综上所述,西北城市的农民工中既有本省农民工,也有跨省流动的农民工,从其职业类型来看,在建筑行业就业的居多。他们男性居多,受教育程度多数是初中毕业的。总体来看和全国农民工的基本情况较为一致。"农民工由于个人特点而处于劣势地位,即使制度性障碍完全破除,他们想真正进入城市也是相当困难的。"②

---

① [美] R.E. 帕克、E.N. 伯吉斯、R.D. 麦肯齐:《城市社会学——芝加哥学派城市研究》,宋俊岭、郑也夫译,商务印书馆2012年版,第107—108页。
② 李培林:《农民工——中国进城农民工的经济社会分析》,社会科学文献出版社2003年版,第159页。

第三章　农民工市民化的宏观背景

农民工作为改革开放以来中国社会转型过程中出现的一个数量庞大的社会群体，由于户籍制度限制和政府等部门有关农民工的政策措施的实施，他们亦工亦农但又非农非工，亦城亦乡却又游走于城市和乡村之间，他们成为具有双重边缘性身份的特殊群体，一出现，就受到众多方面的关注。一方面，他们自食其力，为城市社会的发展作出了自己的贡献；另一方面，由于边缘性的尴尬身份的标签，他们在中国现代化的过程中将走向何处？出路何在？农民工如何市民化等问题已经引起了学界的广泛讨论和政府部门的高度重视。

一　农民工市民化的时代背景

（一）经济体制的转轨

1949年新中国成立后，中国在半封建半殖民地的社会结构和官僚资本主义经济体制基础上，吸收和借鉴苏联社会主义建设的经验，逐渐建立了高度集中的社会主义计划经济体制。在这种体制下，国家是全部社会经济活动的组织者和领导者，国家通过行政式的指令性计划，直接控制企业的经济活动，对企业的活动作出具体的规定。企业只是按计划生产，至于产品的销售出路则不

❖ 第三章 农民工市民化的宏观背景 ❖

用操心,由国家出面统购统销。这样高度集中的中央计划经济体制的建立对国民经济的迅速恢复和发展起到了积极作用,通过强大的社会控制手段和高度的动员能力,中国的现代化进程在这一时期取得了重大成就,初步建成了一个独立完整的工业体系。

但是,20世纪60年代中后期开始,这种体制对国民经济和社会发展的阻碍作用日渐暴露,使得政企职责不分,条块分割,企业缺乏应有的自主权,压制了企业和劳动者的积极性、主动性和创造性。与此同时形成了一系列政治、科技、教育、文化体制和僵化、半僵化的思想方式和生活方式,使社会主义现代化建设缺乏发展活力。①

因此,国家也逐渐认识到,要逐步建立一套与社会生产力相适应的生产关系和上层建筑,改变不相适应的管理方式、活动方式和思想方式。所以从党的十一届三中全会开始,我们逐渐认识到,我国的社会主义建设事业,必须通过体制改革才能实现。

改革开放政策的实施,给经济社会发展带来了前所未有的活力。中国逐渐开始对原有的高度集中的计划经济进行改革,先后提出建立社会主义商品经济,建立中国特色社会主义市场经济体制等一系列改革的措施,成效显著。伴随改革开放,我国的经济体制开始逐步转轨。

当然,经济体制的转轨,直接影响我国的政治、文化、思想等方面一系列变动,在经济政策、劳动力供给政策改革等方面起到了巨大的推动作用。

(二) 社会结构的急剧转型

当代中国正处在社会转型时期,社会转型作为一个特定的社

---

① 郑杭生:《社会学概论新修(第四版)》,中国人民大学出版社2013年版,第333页。

会学术语，意指社会从传统型向现代型的转变，或者说由传统型社会向现代型社会转型的过程。中国社会的转型是指"中国社会从一个农业的、乡村的、封闭的半封闭的传统型社会，向工业的、城镇的、开放的现代型社会的转型"[1]。

一般认为，中国的社会转型肇始于1840年的鸦片战争。1840年之前中国社会是一个传统的封建主义制度的农业社会。鸦片战争时，帝国主义列强的坚船利炮打开古老中国的大门，中国从此开始由一个独立的封建专制主义国家沦为一个半封建半殖民地国家。由封建主义社会向半封建半殖民地社会过渡，也开始从传统农业社会向近代西方资本主义工商业社会转变。后来，辛亥革命爆发，清政府被推翻，由此结束了中国长达几千年的封建主义制度统治。但是随之而来的帝国主义、封建主义和官僚资本主义在中国的统治，使得中国经历连年战乱，民不聊生，众多的社会贤达和革命仁人志士都在为中国的未来寻求新的出路。这是中国社会一个充满痛苦、饱含血泪的寻求现代化之路的过程，是中国早期的社会转型。[2]

1949年中国共产党人领导中国人民推翻了压在劳动人民之上的"三座大山"，建立了新中国，中国社会由此进入了从半封建半殖民地社会向社会主义现代化社会转型时期。[3]

1978年改革开放后，中国开始进入社会转型加速期或者说是快速转型时期。这一时期，中国社会发生了翻天覆地的变化，国家富强，人民安居乐业，综合国力逐渐增强，人民的生活水平和国家地位都比以前有很大提高。以快速转型形式出现的社会巨大

---

[1] 郑杭生：《中国特色社会学理论的探索——社会运行论、社会转型论、学科本土论、社会互构论》，中国人民大学出版社2005年版，第202—203页。

[2] 郑杭生、李强等：《社会运行导论——有中国特色的社会学基本理论的一种探索》，中国人民大学出版社1993年版，第310页。

[3] 同上书，第311页。

第三章 农民工市民化的宏观背景

变化,表现在中国社会生活各个领域,在速度、广度、深度、难度和向度上都是前所未有的。这一时期的特点是社会代价与社会进步共存,社会协调与社会失调同在。①

21世纪以来,中国作为世界的一员,受到全球化的深刻影响。在深入推进改革开放,在经济建设、政治建设、文化建设、社会建设和生态文明建设"五位一体"总体布局下,促进现代化建设的过程中,经历着自身的社会转型。可以说,这种社会转型是一种双重的社会转型,这种双重性既表现为全球化的浪潮和中国本土社会的急剧转型,也表现为中国城乡"二元社会"结构的转型。中国社会转型的急剧加速,直接导致中国社会的实践发生了巨大的结构性变迁。在现代性全球化的长波进程以及本土社会转型的特殊脉动这两种力量的相互扭合下,"社会实践的结构性巨变"②成为当代中国社会转型的最大特点。

农民工作为中国在从传统型社会向现代型社会的转型过程中出现的特殊群体,由于户籍制度限制,尽管他们以亦工亦农的、亦城亦乡的这种尴尬的边缘身份,工作生活在城市,为中国的现代化进程和社会发展作出了巨大贡献,但在城市化进程中农民工却处于市民和农民之间,却不能享有城市居民的各种权利。实际上在这个社会转型过程中,农民工自身也在转型,他们也在不断进行着现代化、体验着现代性。在推进新型城市化和现代化进程中,我国社会经济结构的急剧转型的现实和"社会实践的结构性巨变",应当是农民工市民化过程中难以避免的现实背景与特定时空。

---

① 郑杭生主编:《中国社会学30年(1978—2008)》,中国社会科学出版社2008年版,第2页。

② 郑杭生:《中国特色社会学理论的深化(上卷)——"实践结构论"的提出与"理论自觉"的轨迹》,中国人民大学出版社2010年版,第166页。

二　农民工市民化的制度变迁

（一）农民工流动的政策变化

新中国成立以后，国家对农村剩余劳动力的迁移、流动政策经历了多次的调整与变化。新中国成立之初到改革开放之前，国家对农村剩余劳动力向城市的迁移和流动一开始是允许农民自由流动的，随着大量农民涌入城市，城市的住房、交通，尤其是和户籍密切联系的粮食供应的不足和压力加大，国家调整对农民向城市迁移和流动的政策，从刚开始逐步控制，到严格控制农民进城，后来一度出现以人为行政命令的方式的"知识青年上山下乡"、"干部下放"等将城市人向农村迁移的这种"逆城市化"的现象。

改革开放之后，国家对农民工流动和管理的理念和政策也经历了多次变化和调整。我们大致可分为以下几个时期。

改革开放至1984年之前。继续严格控制农村人口向城市的自由流动、迁移。这一阶段国家对农村人口的流动、迁移仍然是严格控制的，不允许人口自由流动，要求对农村剩余劳动力就地安置，不能迁入城镇。1981年《中共中央、国务院关于广开门路，搞活经济，解决城镇就业问题的若干决定》中明确规定："严格控制农村劳动力流入城镇。对农村多余劳动力，要通过发展多种经营和兴办社队企业，就地适当安置，不使其涌入城镇。对于农村人口、劳动力迁进城镇，应当按照政策从严掌握。要严格控制使用农村劳动力，继续清理来自农村的计划外用工。"1981年12月国务院发布《关于严格控制农村劳动力进城做工和农业人口转为非农业人口的通知》明确规定："引导农村多余劳动力在乡村搞多种经营，不要往城里挤。同时，要采取有效措施，严格控制农村劳动力进城做工和农业人口转为非农业人口。"这是对原有"城乡

❖ 第三章 农民工市民化的宏观背景 ❖

二元"结构政策的继续,仍然是严格控制流动,适当就地安置。

1984—1991年间。这一时期开始有条件地进行试点,在一定程度上放开农村剩余劳动力的流动,但后来又有所限制。1984年中共中央《关于一九八四年农村工作的通知》指出:"农民还可不受地区限制,自愿参加或组成不同形式、不同规模的各种专业合作经济组织。随着农村分工分业的发展,将有越来越多的人脱离耕地经营,从事林牧渔等生产,并将有较大部分转入小工业和小集镇服务业。这是一个必然的历史性进步,可为农业生产向深度广度进军,为改变人口和工业的布局创造条件。1984年,各省、自治区、直辖市可选若干集镇进行试点,允许务工、经商、办服务业的农民自理口粮到集镇落户。"在1984年10月份,国务院正式出台《关于农民进入集镇落户问题的通知》指出:"凡申请到集镇务工、经商、办服务业的农民和家属,在集镇有固定住所,有经营能力,或在乡镇企事业单位长期务工的,公安部门应准予落常住户口,及时办理入户手续,发给《自理口粮户口簿》,统计为非农业人口。粮食部门要做好加价粮油的供应工作,可发给《加价粮油供应证》。要同集镇居民户一样纳入街道居民小组,参加街道居民委员会活动,享有同等权利,履行应尽的义务"。而1987年中共中央政治局通过的《把农村改革引向深入》中进一步明确指出:"允许农村剩余劳动力向劳力紧缺的地区流动;调整产业结构,促进农业劳动力转移;乡镇企业的兴起,拓宽了农业劳动力转移的途径,今后还要继续发展。"这一时期,随着我国农村商品经济的不断发展,乡镇企业蓬勃发展,为适应农民外出务工、经商,搞活农村经济,开始允许农村剩余劳动力有条件转移,允许部分有条件、自愿落户集镇的农民给予落户的政策,并按非农户口统计。同时,在行使政治权利方面,和原有的非农户口居民一样被编入街道居民小组,享有同样的义务和权利。然而,这一阶段由于大量农民工外出,给铁路运力造成了很大压力,农民工本人也找不到合适的工作，生活困难，影响当地治安。为此，1989年国务院办公厅发出《关于严格控制民工外出的紧急通知》，明确要求民工在当地安心工作，不要盲目外出。1991年国务院办公厅又发出《关于劝阻民工盲目去广东的通知》，要求当地有关部门劝阻农民工避免盲目外出打工。

　　1992—1999年间。1992年党的十四大召开，明确提出在我国建立社会主义市场经济体制。尤其邓小平同志1992年发表南方谈话后，标志着我国改革开放和现代化建设事业进入了一个新的发展阶段。1993年《中共中央关于建立社会主义市场经济体制若干问题的决定》指出："鼓励和引导农村剩余劳动力逐步向非农产业转移和地区间的有序流动；逐步改革小城镇的户籍管理制度，允许农民进入小城镇务工经商，发展农村第三产业，促进农村剩余劳动力的转移。"1993年11月，劳动部《关于印发〈再就业工程〉和〈农村劳动力跨地区流动有序化——"城乡协调就业计划"第一期工程〉的通知》发布，就是针对大量盲目、混乱、无序流动的"民工潮"出现。由于出现大规模的农民工跨省流动就业，为了加强农村劳动力跨地区流动就业管理，规范用人单位用人、农村劳动者就业和各类服务组织从事有关服务活动的行为，引导农村劳动力跨地区有序流动，1994年，劳动部颁布出台了《农村劳动力跨省流动就业管理暂行规定》，该规定实际上是针对跨省外出就业的农民工实行以证、卡形式管理的开始。1997年，《劳动部等部门关于进一步做好组织民工有序流动工作意见的通知》仍然指出农民工要有序流动。与此同时，国务院批转公安部《小城镇户籍管理制度改革试点方案》，进行户籍管理制度改革，允许已经在小城镇就业、居住并符合一定条件的农村人口在小城镇办理城镇常住户口，以促进农村剩余劳动力就近、有序地向小城镇转移，促进小城镇和农村的全面发展，维护社会稳定。这一时期国家对农民工流动和转移的政策依然是鼓励和引导，但更明

第三章 农民工市民化的宏观背景

确是强调有序流动,并适当放宽小城镇户籍管理制度。

2000年以后,国家调整了有关农村劳动力流动的相关政策,对农村富余劳动力的转移进行有计划的实施,根据新形势和新情况出台了许多的政策措施。这些政策措施的出台和实施,反映了中央政府对农民工问题的热切关注。2000年劳社部发〔2000〕15号文件《关于进一步开展农村劳动力开发就业试点工作的通知》指出,农村劳动力的开发就业是关系经济发展和社会稳定的大问题,新世纪以来实施西部大开发战略和推进城市化进程等,对促进农村就业提出了新要求。应开展农村富余劳动力向非农产业转移职业培训,为农村富余劳动力的顺利转移创造条件。在2000年制定的《中华人民共和国国民经济和社会发展第十个五年计划纲要》中,明确提出要"打破城乡分割体制,逐步建立市场经济体制下的新型城乡关系。改革城镇户籍制度,形成城乡人口有序流动的机制。取消对农村劳动力进入城镇就业的不合理限制,引导农村富余劳动力在城乡、地区间的有序流动。"2001年《国务院批转公安部关于推进小城镇户籍管理制度改革意见的通知》指出,通过改革小城镇户籍管理制度,引导农村人口向小城镇有序转移。2002年中共中央"二号文件"进一步提出,对进城农民要"公平对待,合理引导,完善管理,搞好服务"。2004年中共中央"一号文件"提出,进城就业的农民工已经成为产业工人的重要组成部分,城市政府要切实把对进城农民工的职业培训、子女教育、劳动保障及其他服务和管理经费,纳入正常的财政预算。同年,劳社部等四部委联合开展了维护农民工合法权益专项检查,依法保障进城就业农民的各项权益。2006年《中华人民共和国国民经济和社会发展第十一个五年计划纲要》提出,引导富余劳动力向非农产业和城镇有序转移,保障进城务工人员合法权益,增加农民务工收入。

2006年国务院发布了《关于解决农民工问题的若干意见》,

指出:"农民工已成为产业工人的重要组成部分,农民工问题事关我国经济和社会发展全局。"这个意见,不仅指明了农民工的阶层地位,明确了农民工的社会属性,也从统筹城乡发展,引导农村富余劳动力合理有序转移,推动全面建设小康社会进程全局的战略高度,肯定了农民工在建设中国特色社会主义事业中作出的重大贡献。可以认为,这是一个有关解决农民工问题的纲领性文件,从对解决农民工问题的指导思想和基本原则、解决农民工工资偏低和拖欠问题、规范农民工劳动用工管理、搞好农民工就业服务和培训、解决农民工社会保障问题、为农民工提供相关公共服务、健全维护农民工权益的保障机制、促进农村劳动力就地就近转移就业、加强农民工工作的领导等方面提出了具有可操作性的办法。该意见要求各地区、各相关部门抓紧制定和完善配套措施及具体办法,积极研究解决工作中遇到的新问题,确保涉及农民工的各项改策措施落到实处。2008年国务院办公厅发布《关于切实做好当前农民工工作的通知》指出,农民工是流动在城乡之间的特殊群体,耕地仍然是他们的基本保障,要切实保障返乡农民工土地承包权益。这是针对当时出现返乡农民工的安置就业等新情况而作出的政策部署,明确指出了农民工的权益保障。2012年11月党的十八大召开,胡锦涛在《坚定不移沿着中国特色社会主义道路前进,为全面建成小康社会而奋斗——在中国共产党第十八次全国代表大会上的报告》中提出,加快改革户籍制度,有序推进农业转移人口市民化,努力实现城镇基本公共服务常住人口全覆盖。这是从我国经济社会发展全局战略的高度提出了我国农民工的未来出路——市民化。2014年中共中央、国务院印发的《关于全面深化农村改革加快推进农业现代化的若干意见》中提出加快推动农业转移人口市民化,积极推进户籍制度改革,建立城乡统一的户口登记制度,促进有能力在城镇合法稳定就业和生活的常住人口有序实现市民化,从农业现代化的视角指出了实现农业转移人

第三章 农民工市民化的宏观背景

口市民化的可操作性和可能性。

2014年国务院发布文件,明确提出有序推进农民工在城镇落户。进一步推进户籍制度改革,实施差别化落户政策,促进有条件有意愿、在城镇有稳定就业和住所(含租赁)的农民工及其随迁家属在城镇有序落户并依法平等享受城镇公共服务。各类城镇要根据国家户籍制度改革的部署,统筹考虑本地区综合承载能力和发展潜力,以就业年限、居住年限、城镇社会保险参保年限等为基准条件,制定具体落户标准,向社会公布。[1]

《国家新型城镇化规划(2014—2020)》明确指出建立健全农业转移人口市民化推进机制,强化政府责任,合理分担公共成本,充分调动社会力量,构建政府主导,多方参与,成本分担,协同推进的农业转移人口市民化机制。首先要建立成本分担机制,即"政府要承担农业转移人口市民化在义务教育、劳动就业、基本养老、基本医疗卫生、保障性住房以及市政设施等方面的公共成本。企业要落实农民工同城镇职工同工同酬制度,加大职工技能培训投入,依法为农民工缴纳职工养老、医疗、工伤、失业、生育等社会保险费用。农民工要积极参与城镇社会保险、职业教育和技能培训等,并按照规定承担相应费用,提升融入城市社会的能力。"

为了确保在体制机制上走出一条可推广的新型城镇化道路,2014年国家发展改革委等11部委联合印发《关于开展国家新型城镇化综合试点工作的通知》,要求试点地区探索建立农业转移人口市民化成本分担机制,建立健全由政府、企业、个人共同参与的农业转移人口市民化成本分担机制,出台具体可操作的农业转移人口和其他常住人口落户标准,同时改革完善农村宅基地制度。

---

[1] 《国务院关于进一步做好为农民工服务工作的意见》(国发〔2014〕40号),2014年9月12日。

从2004年到2014年，每年的中共中央"一号文件"都是事关农业、农民和农村问题的。这其中都会提及有关农民工（农业转移人口）问题相应的政策措施。足见农业、农民和农村问题在我国建设社会主义现代化过程中的重要性所在。

改革开放以来，我国农民工管理的指导思想和政策文本发生过重大的变化，经历了从限制人口流动政策的延续、有限放开政策的实施、管理服务日益健全到人口有序流动局面初步形成四个阶段。30多年来，我国政府在农民工问题上的认识逐渐深入，城市政府的农民工政策从限制进城、拒绝管理，走向了有限管理，从重视"管理"、轻视"服务"，走向了"管理服务并重"，并最终走向了"服务管理"和"寓管理于服务之中"这一最新发展阶段。① 纵观中央关于农民工问题的政策，主要进展和突破是：逐步取消了限制农民进城就业、损害其权益的政策规定，农民进城就业的环境有了很大改善；逐步重视改善农民工子女教育、职业培训、公共卫生和社会保障；对农民工的社会管理正在向维护权益和服务转变；初步建立了农民工综合协调的工作机制等。②

然而，回顾改革开放以来有关农民工的制度安排，并不是以法律为主，主要以出台政策性的文件为主，包括规定、要求、通知、意见，等等；其中不乏暂行规定、紧急通知等字眼。政策性的文件比较容易出台也比较灵活，便于调整。从这些可以看出，农民工的出现及其政策的适时调整原本可能是一个权宜之计、过渡安排。③

在积极稳妥推进新型城市化的战略过程中，核心是人的城市

---

① 王道勇：《中国农民工的未来》，云南出版集团、云南教育出版社2013年版，第25—29页。
② 韩俊：《农民工新趋势》，《红旗文稿》2008年第9期。
③ 郭郁彬、彭刚：《从农民到农民工：经济发展战略下的制度变迁分析》，《广东社会科学》2012年第1期。

❖ 第三章 农民工市民化的宏观背景 ❖

化，而有 2.8 亿多的农民工群体及其家属的市民化是这一过程的关键，也成为解决农民工问题的重要战略部署。

（二）户籍制度的变迁

实际上，户籍制度在我国已经实施了 3000 多年。《史记·夏本纪》中记载："禹平水土，定九州，计民数。"殷商甲骨文中也有多处"登人"、"登众"的记载。"计民数"、"登人"指登记、统计人口，是有关户籍的最早记录，目的在于控制人户，派役派徭、编组军队、收税纳粮，以供国用。[①] 它的基本功能是人口登记管理和人口迁移管理。

我国现行的户籍制度主要是新中国成立后逐步确立的。作为我国户籍管理制度的纲领性文件，1958 年 1 月 9 日，全国人大常委会第九十一次会议通过由毛泽东签署的"一号主席令"正式颁布了《中华人民共和国户口登记条例》。它首次明确提出了"农业户口"和"非农业户口"的划分。其中有关迁移的规定，该条例说"公民由农村迁往城市，必须持有城市劳动部门的录用证明，学校的录取证明，或者城市户口登记机关的准予迁入的证明，向常住地户口登记机关申请办理迁出手续"。可以看出这一制度以法律形式严格限制了农民进入城市，从此，城市与农村间筑起了一道高墙，城乡分割的"二元经济社会"模式得以确立，尽管经过了多年的社会发展变革，但影响深远直至今日。

但是目前还在起作用的、这一纲领性的户籍制度的确立经历了一个酝酿和形成的过程。有学者指出，从建国初期到第一个五年计划（1953—1957）结束这一段时期内，城市和农村的户口登记和管理及相应的办法已初步定型。城市户口管理基本由公安机关负责，在农村，基层政府组织承担起部分户口管理工作。1958

---

① 袁刚：《户籍的性质、历史与我国户籍制度改革》，《学习论坛》2008 年第 5 期。

年后，由于自身政策的缺陷和遭受自然灾害，工农业生产受挫，农村出现了严重饥荒，城市压力剧增，1961年中共中央发出《关于减少城镇人口和压缩城镇粮销量的九条办法》，要求3年内城镇人口必须减少2000万以上，新中国开始了第一次以行政命令支配的反城市化运动。① 1962年12月，公安部又出台《关于加强户口管理工作的意见》，再一次要求严格限制从农村迁往城市。1963年以后，公安部以是否吃国家计划供应的商品粮作为划分"农业户口"和"非农业人口"的标准，第一次使城乡"二元户籍"的划分有了可操作性依据。② 这一时期户口管理的特点是全面管理和压缩城市人口。1977年11月8日国务院批转的《公安部关于处理户口迁移的规定》，指出："从农村迁往市、镇（矿、林区），由农业人口转为非农业人口，从其他市迁往北京、上海、天津三市的，要严格控制。从镇迁往市，从小市迁往大市，……应适当控制。"可以看出，这一规定不仅城乡之间户口迁移存在严格限制，城市与城市之间户口迁移也有了严格的限制。此后又出台了"农转非"控制指标的措施。"农转非"指标的出现和城市间户口迁移的限制，强化了户口价值意识，使"城里人"和"乡下人"之间，大中城市居民和小城市居民之间，出现了户口价值的等级差异③，进一步衍生出了社会身份的价值差异，使得"户口在整个社会造成了严重的'社会空间等级'"④，其根本原因就是户口附着了更多的利益。由此，隔断城市间、城乡间自由迁移的户籍管

---

① 陆益龙：《1949年后中国户籍制度：结构与变迁》，《北京大学学报》（哲社版）2002年第2期。

② 李强、胡宝荣：《户籍制度改革与农民工市民化的路径》，《社会学评论》2013年第1期。

③ 陆益龙：《1949年后中国户籍制度：结构与变迁》，《北京大学学报》（哲社版）2002年第2期。

④ Cheng Tiejun & Mark Selden. *The Origins and Social Consequences of China's Hukou System*. China Quarterly，1994.

❖ 第三章 农民工市民化的宏观背景 ❖

理制度完全形成。

1978年改革开放以后，工业化和城市化的快速发展需要大量城市劳动力，户籍制度的严格限制，使得农民不能迁移户口，只能形成大量的农村剩余劳动力。随着经济体制改革、城市化进程的加快，国家开始有意识地调整、改革和完善现行户籍制度。1984年10月，国务院颁发《国务院关于农民进入集镇落户问题的通知》允许农民自理口粮群体落户集镇真正是改革开放以来第一次在封锁城乡20多年来户籍制度的一项重大突破。1985年7月，公安部颁布《关于城镇暂住人口管理规定》，公民开始拥有在非户籍地长期居住的合法性。同年9月，全国人大常委会颁布的《中华人民共和国居民身份证条例》。一人一证的身份证制度标志着突破了一户一簿不利于人口流动的局限性。1992年户口和粮油关系不再挂钩。1992年后半年部分地区的"蓝印户口"实施，可看作是户籍制度改革的一种过渡性措施。1998年8月国务院批转公安部《关于解决当前户口管理工作中几个突出问题的意见》，进一步放宽了对城市户口的限制。[①] 2001年3月国务院再次批转公安部《关于推进小城镇户籍制度改革意见》，进一步放宽农村户口迁移到小城镇的条件。指出凡在县级市市区、县人民政府驻地镇及其他建制镇有合法固定的住所、稳定的职业或生活来源的人员及与其共同居住生活的直系亲属，均可根据本人意愿办理城镇常住户口。已在小城镇办理的蓝印户口、地方城镇居民户口、自理口粮户口等，符合上述条件的，统一登记为城镇常住户口。将城乡户籍改革的主动权下放到各地方政府。

但是户籍制度的改革遇到了难题。一些地方政府尝试进行改革时发现，户籍制度实际上并不是一个简单的人口登记制度，其

[①] 李强主编：《中国高校哲学社会科学发展报告（1978—2008）·社会学》，广西师范大学出版社2008年版，第413—414页。

核心是户口背后所包含的福利差异。当改变了户籍登记的归类方式或放宽了落户条件之后，现行的城市财政体制和公共服务体制却无法应对加大了的负担。因此，户籍形式化人口登记方式的改变没能产生实质内容的变化，即作为统一的居民户口中居住在农村的那部分人口，甚至按照条件落户在城市的新居民，仍然不能平等地享有城市人口所享有的社会福利、社会保障和公共服务。①

户籍制度的变迁，尤其改革开放后国家在户籍制度的具体细节上的不断调整、试点，地方政府也在探索改革户籍制度的壁垒，一般都是在小城镇进行户籍管理制度的突破，尽管某些大城市也在改革，如重庆、郑州、石家庄等地，但都是附加了诸多的条件，也取得了一定的实效，但像"北上广"等地的城市户口管理仍然是很严格的，没有什么实质性的改革进展。因此要真正去除附着在户籍上的各种隐性的福利、权利，降低户口等级差异，则需要更大的改革力度。综观各地户籍制度改革的探索，主要有两种思路：一种方式是，以农民工退出宅基地、承包地等集体成员权益为前提条件，让他们获得城市户口，进而全面获得城市福利和保障；另一种方式是，逐步增加和不断完善农民工的公共服务，不断降低城镇户籍的福利含量，逐步让户口与福利脱钩。突破以户籍与福利合一的社会管理制度，将户籍与福利脱钩，这才是户籍制度改革的正确方向所在。②

户籍制度关系到每一个公民，也深深影响着社会结构秩序。户籍壁垒蓄积了农村过剩劳动力涌向城市的强大势能，造成了农民工问题，其最为深远的影响是阻碍了中国的城市化进程。长期以来隔断城市间、城乡间人口正常迁移的现行户籍管理制度妨碍

---

① 蔡昉：《城市化与农民工的贡献——后危机时期中国经济增长潜力的思考》，《中国人口科学》2010年第1期。
② 韩俊：《农民工怎样才能市民化》，《协商论坛》2012年第11期。

❖ 第三章 农民工市民化的宏观背景 ❖

着人口的集聚过程，使我国的城市化水平一直偏低，且与工业化脱节，导致新中国成立50多年来，我国的城市化进展十分缓慢。有统计数据显示，1949年我国的城市化水平是10.6%，1959年是18.4%，1978年是17.9%。可以发现1959—1979年的20年间我国的城市化水平没上升反而下降了，而这一阶段正是城乡二元"户籍壁垒"的形成时期。与此同时，世界城市化水平从29%上升到41.3%。1997年全世界城市化水平已达到46%，发达国家在70%以上，发展中国家的平均水平也在40%以上，而我国的城市化水平仅为29.9%。①

为适应新型城镇化建设的需要，进一步推进户籍制度改革，落实放宽户口迁移政策。统筹户籍制度改革和相关经济社会领域改革，合理引导农业人口有序向城镇转移，有序推进农业转移人口市民化，2014年7月24日，国务院发布《关于进一步推进户籍制度改革的意见》②。其中进一步调整户口迁移政策的条文有，全面放开建制镇和小城市落户限制；有序放开中等城市落户限制；合理确定大城市落户条件；严格控制特大城市人口规模；有效解决户口迁移中的重点问题等。这些政策实施的基本目标是，到2020年，基本建立与全面建成小康社会相适应，有效支撑社会管理和公共服务，依法保障公民权利，以人为本、科学高效、规范有序的新型户籍制度，努力实现1亿左右农业转移人口和其他常住人口在城镇落户。

实际上，国务院出台的《关于进一步推进户籍制度改革的意见》中，提出了有序推进农业转移人口市民化，加快户籍改革，实行不同规模城市差别化落户政策的明确要求。

---

① 张英红：《二元户籍制：半个世纪的城乡冷战》，《城乡建设》2001年第7期。
② 国务院：《关于进一步推进户籍制度改革的意见》，《人民日报》2014年12月22日。

然而，户籍制度对农民工的限制已经不再是决定性因素。因为户籍制度的意义已经发生了重大的变化，譬如，郑杭生等人在广东南海地区调研时，发现有这样的说法"有房有车不如有一个农村户口"。李培林的研究也证实，"'城中村'的'村民'已经由于耕地的征用而几乎全部转为城市户籍，但他们仍然保留着'村籍'，对于他们来说，'村籍'比'户籍'重要得多，因为他们具有'村籍'，他们同时也是强大的村集体经济的股东，他们宁可成为'村民'而不愿成为'市民'"。① 究其原因是东部经济发达地区，他们（村集体）将农民的土地集中，建厂房收租金，经营土地获得更多的效益，拥有本地农村户籍人员可以享有农村集体经济的所持股份分红。这使得本地农村户籍的含金量比城市户口的含金量高许多。

笔者调查得知，人们对户口价值的看法出现了变化。在西部一些地区，农民工对有农村户口也有新的想法。"原先我出身农民（是农村户口），后来大学毕业后成为城市户口，后来自己离开原单位单干，一个偶然的机会我又转回农村户口了。（L：为什么要转回农村户口呢？）呵呵，我要另做打算。我老家住的那山沟沟里，要政府拆迁、改造什么的是不可能的，起码近几十年内不可能。除非国家作为军事用途来征地，如战备用地，或修战备路。但是，那个大山发现了稀土矿。国家已经成立了项目部在那个地方开采，但是据说这个矿，稀土含量较低，估计还要几十年。

L：那这样的话，你的户口是否城市户口意义不大？

就是的。对我来说，农村户口还是城市户口无所谓。再者，我现在已经无所谓农民还是城市居民的身份了。我一不牵扯就业，也不牵扯上学，更不牵扯进步或上升（职务的），只要每天把本职

---

① 李培林：《巨变：村落的终结——都市里的村庄研究》，载李培林主编《农民工——中国进城农民工的经济社会分析》，社会科学文献出版社2003年版，第58页。

第三章 农民工市民化的宏观背景

工作干好,有饭吃就行。"(MCB01 访谈资料,2013 年 8 月 20 日)

因此,放开城市户口和农村户口,统一为居民户口。只是说农民工在市民化过程中的一道制度隔离取消了,但农民工能不能完成市民化,关键在于农民工能否具备新市民的市民性。同时有学者的研究表明,新生代农民工已经"非农化",他们没有从事过农业生产的比例高达85%,"亦工亦农"正在成为历史;八成农民工即便不放开户口也将长期留在城镇,他们进城的选择与户籍制度是否改变无关。[①]

(三) 土地制度

我国是一个发展中农业大国,农村土地制度和农业生产密切相关,作为农民最基本的生产要素,土地和农民的关系非常密切。因为土地是农民的最根本的生活保障,土地与农民的利益最直接。农民靠土地吃饭、靠土地生存。费孝通先生曾经说过,中国是一个乡土社会,农民和土关系很大。新中国成立以来,根据不同时期农村社会发展的现实和农民自身发展的要求,中国农村土地制度有过几次重大的改革和变迁,对农民的发展乃至对中国的工业化、城市化进程及社会现代化发展影响至深。那么,在中国从传统型农业社会向现代型的工业社会转型的过程中,农村土地制度的变革究竟对农民带来了什么样的影响?与农民工市民化有什么关系?

新中国成立以前,由于半殖民地半封建社会的现实,农村土地基本上是被官僚资本和封建地主阶级所实际拥有的。大多数农民被迫租种地主的土地,还要缴纳许多苛捐杂税,农民生活处于水深火热之中,土地对农民来说,尽管是不可或缺的生产资料,但自己却没有处置权。1949 年新中国成立后,我国确立了土地的

[①] 韩俊:《农民工怎样才能市民化》,《协商论坛》2012 年第 11 期。

社会主义公有制。1950年6月,中央人民政府委员会第八次会议讨论并通过了《中华人民共和国土地改革法》公布施行。《土地改革法》规定:"废除地主阶级封建剥削的土地所有制,实行农民的土地所有制,土地改革完成后,由人民政府发给土地所有证,并承认一切土地所有者自由经营、买卖及出租其土地的权利。土地制度改革以前的土地契约,一律作废。"这个《土地改革法》的颁布实施,被认为是新中国农村土地制度的第一次改革。它是对解放前的中国农村土地旧制度的彻底变革,废止了旧土地制度中的不平等条款,没收了地主的土地,赋予农民对土地的自由经营、买卖、出租的权利。《土地改革法》实际上将农村土地的所有权和经营权都划归农民所有,土地归农民所有。真正实现了"耕者有其田"。

第二次土地制度改革是在1953年到1978年间。这一阶段是农民的"合作和集体经营阶段"[①]。前期推行以土地作为生产资料入股,合作社统一集体经营的方式,把土地所有权归农民个人,而经营权归互助组、合作社集体所有,实现了农民土地所有权和经营权的分离。1956年至1958年前半年的高级社时期,把农民的土地所有权划归合作社,初步将农民土地的经营权和所有权合并归为合作社所有。1958年开始的人民公社制度,中国农村开始实行"三级所有,队为基础"的体制,确定了农村土地以生产队为基本所有单位的制度,并且恢复了社员的自留地制度,彻底将农村土地的经营权和所有权变革为人民公社集体所有。

第三次农村土地改革是从1978年后开始的。改革开放之前,农民非常贫困,生活水平低。"文化大革命"十年对劳动生产力的破坏严重,人民公社制度下的农村发展迟缓,农民生活水平低下,

---

① 刘广栋、程久苗:《1949年以来中国农村土地制度变迁的理论和实践》,《中国农村观察》2007年第2期。

❖ 第三章 农民工市民化的宏观背景 ❖

大多数地方农民温饱都没解决,农村的健康持续发展成为当时的首要任务。1978年党的十一届三中全会召开吹来了改革的春风。为了进一步解放和发展生产力,激发农民和农村发展的活力,消除人民公社制度下农民土地经营的弊端,调动农民的生产积极性和主动性,迅速恢复农业生产,解决农民的温饱问题,开始实行家庭联产承包责任制。家庭联产承包责任制作为一种新的农村土地制度,改革开放30年来经历了诸多变化。1978年安徽小岗村18户农民自发"包产到户,分田单干",成为家庭联产承包责任制的开端。1980年9月中共中央印发《关于进一步加强和完善农业生产责任制的几个问题》的通知中指出,"就全国而论,在社会主义工业、社会主义商业和集体农业占绝对优势的情况下,在生产队领导下实行的包产到户是依存于社会主义经济,而不会脱离社会主义轨道的,没有什么复辟资本主义的危险,因而并不可怕",初步肯定了包产到户。1982年1月,中共中央"一号文件"明确指出,包产到户、包干到户或大包干"都是社会主义生产责任制,"它"不同于合作化以前的小私有的个体经济,而是社会主义农业经济的组成部分。"1983年1月,中共中央发布《当前农村经济政策的若干问题》的文件,从理论上说明了家庭联产承包责任制"是在党的领导下中国农民的伟大创造,是马克思主义农业合作化理论在我国实践中的新发展。"1984年1月中共中央《关于一九八四年农村工作的通知》强调,要"继续稳定和完善联产承包责任制。"此后关于家庭联产承包责任制的优缺点学界和政界还有各种讨论,但家庭联产承包责任制的主要特点就是土地集体所有,分户经营。30多年来,家庭承包责任制带来了农村经济社会的巨大发展,解放和发展了农村生产力,调动了农民的生产积极性,将农民从土地中彻底解放出来,出现了农村剩余劳动力。

2008年10月12日,中国共产党第十七届中央委员会第三次全体会议通过《中共中央关于推进农村改革发展若干重大问题的决定》被视为第四次农村土地改革。《决定》提到，完善土地承包经营权权能，依法保障农民对承包土地的占有、使用、收益等权利。加强土地承包经营权流转管理和服务，建立健全土地承包经营权流转市场，按照依法自愿有偿原则，允许农民以转包、出租、互换、转让、股份合作等形式流转土地承包经营权，发展多种形式的适度规模经营。有条件的地方可以发展专业大户、家庭农场、农民专业合作社等规模经营主体。这个文件的出台，标志着农村土地可以流转，当然土地流转是有条件的。

农民工是拥有农业户口，但是他不再经营土地，从事非农生产。那么，他在外出之前的承包土地将由谁耕作是一个问题？是交给集体呢还是继续耕作呢？显然继续耕作是不可能的，交给集体？农民工本人也不甘心，毕竟农村土地是他的一块最终保障。但是如果把土地有条件地流转，那么对农民工来说是一种保障补偿。因此农村土地允许一定条件下流转，有利于促进农民工市民化。

（四）社会保障制度

一直以来，由于我国"城乡二元"经济社会结构的限制，城市人和农村人实行不同的社会保障，形成了"城乡二元"的社会保障制度。新中国成立初期，农村是"以集体经济为依托的社会保障，主要包括'五保'制度，救济救灾制度和农村合作医疗制度"[①]。对农民来说，"在农村，改革开放前，我国实行以土地为基础的家庭保障为主、社会（国家/集体）救助为辅的社会保障模式。"[②] 改革开放早期，"旧有保障模式的制度惯

[①] 陈少辉、李丽琴、郑小玲：《60年建构与改革：渐行渐近的农村社会保障制度》，《当代中国史研究》2009年第5期。

[②] 李迎生：《农村社会保障制度改革：现状与出路》，《中国特色社会主义研究》2013年第4期。

❖ 第三章 农民工市民化的宏观背景 ❖

性,让土地承载起生产资料和社会保障的双重功能。"① 改革开放后,针对这种计划经济体制下的"城乡二元"的社会保障制度,我国进行了一系列改革,可是收效甚微,大多数外出打工的农民工都没有放弃老家的土地,有的是自己家人耕作,有的是闲置,还有一部分是请人代为耕作,很少有人完全放弃土地,而自己却在城市生活,并不再从事土地耕作。尽管随着城市化、工业化和市场化的发展,农村土地的社会保障功能逐渐弱化,但因为"农民大多数视土地为自己的最后一道安全网,宁可粗放经营甚至撂荒弃耕,也不愿意放弃农地承包权,严重制约了工业化、城镇化的推进。"② 在这种情况下,国家启动逐步建设农村社会保障制度全覆盖,但中国农村人口多、底子薄、覆盖面广,社会保障全覆盖不可能一蹴而就,需要一个长期过程。这样,新型农村合作医疗制度、新"五保"制度、新型农村养老保险制度、新型社会救助体系的建立等多元化的农村社会保障制度逐渐建立。

由于"城乡二元"社会保障制度的路径依赖,农民工自身具有农村户口又从事非农生产的这样一种边缘身份,外出农民工的社会保障实际上是难以落实,似乎是在社会保障范围之外。2008年国务院办公厅发布《关于切实做好当前农民工工作的通知》指出,农民工是流动在城乡之间的特殊群体,耕地仍然是他们的基本保障。实际上指出了农民工群体的社会保障是严重缺乏和社会保障体系的不健全。党的十八大政治报告提出:"统筹推进城乡社会保障体系建设。要坚持全覆盖、保基本、多层次、可持续方针,以增强公平性、适应流动性、保证可持续性为重点,全面建成覆

---

① 陈少辉、李丽琴、郑小玲:《60 年建构与改革:渐行渐近的农村社会保障制度》,《当代中国史研究》2009 年第 5 期。
② 王延中等:《中国农村社会保障的现状与未来发展》,《社会保障研究》2009 年第 1 期。

盖城乡居民的社会保障体系。"① 可以看出,只有建立起适应农民工流动性质的社会保障体系,才能够切实解除农民工的后顾之忧,将土地流转给种地能手,把他们从土地上解放出来,全身心地进入城市。这既能增强农村土地的经营收益,也能为促进农民工市民化创造条件。

综上所述,农民工市民化的进程与前景是和农民流动的政策、户籍制度、农村土地制度、农村社会保障制度等制度措施近60多年的发展变化密切相关的。我们可以看出,在宏观的制度层面,当前农民工市民化的制度条件基本上是前景可观的。从理论上来说,农民工在市民化过程中最为关心的户籍制度,从严格限制农民向城市迁移,到目前的改革户籍制度,为农民工落户城镇或城市的实现提供了可能,城乡一体化的社会保障体系的全覆盖建立,为农民工市民化解除了土地流转后的社会保障之忧。

三 农民工市民化的历史推进

(一) 中国城市化的发展演变

城市化,又称都市化,是社会现代化推进的重要标志之一。一般是指城市人口逐渐增加,农村人口逐渐减少,农村社会逐渐转变为城市社会的过程,它往往和非农化、市民化等概念一起使用。因此,简单地说,农村人口向城市集中的过程即为城市化。由于农村人口向城市集中或迁移的过程包含了社会、人口、空间、经济转换等多方面的内容,加上可以采用比较简单易行、有一定可比性的以城市地区人口占全地区总人口的百分比这一指标衡量城市化水平,故这一城市化定义为人口学、地理学、社会学和经

---

① 胡锦涛:《坚定不移沿着中国特色社会主义道路前进,为全面建成小康社会而奋斗——在中国共产党第十八次全国代表大会上的报告》,人民出版社2012年版。

❖ 第三章 农民工市民化的宏观背景 ❖

济学界普遍接受。① 有学者认为,城市化是随着人口的集中,农村地区不断转化为城市地区的过程,它的实质是消灭城乡差别,实现社会转型②,他认为城市化是地理学术语,强调农村区域景观向城市的靠拢,即农村地区变得越来越像城市,或者已经转变为合法的城市。③ 另有学者认为,城市化、都市化和城镇化,在英文里都是一个词(Urbanization)④,城市化和城镇化没有本质区别。⑤ 因此,我国不少学者根据中国实际,将城市化称为"城镇化"⑥。我们赞同这种界定,为了行文方便,在本书中城市化和城镇化是一个意思。

中国是一个传统的农业大国,新中国成立之前,城市化几乎是不存在的。1949年新中国成立后,面临的是一个经过连年的战乱、民不聊生、失业人口众多,以传统农业和手工业为经济基础的新国家,这是一个典型的、落后的农业大国。基于新国家刚成立时的经济基础非常薄弱的现实情况,国家发展的基本方针是在优先发展重工业的基础上发展工业和农业。由于城市规模和发展能力所限,为了避免大量的农村剩余劳动力向城市迁移、流动,

---

① 许学强等编著:《城市地理学(第二版)》,高等教育出版社2009年版。
② 郑杭生:《社会学概论新修(第四版)》,中国人民大学出版社2013年版,第338页。
③ 郑杭生:《农民市民化:当代中国社会学的重要研究主题》,《甘肃社会科学》2005年第4期。
④ 李培林:《城市化与我国新发展阶段——我国城市化发展战略研究》,《江苏社会科学》2012年第5期注释1。李培林认为,日本和我国台湾、香港地区更多使用"都市化"。我国目前国家公布的正式文件,都统一使用"城镇化"。而我国学界发表的学术文章,则更多地使用"城市化"。其实,城市化和城镇化基本上属于同义语。政府文件之所以统一使用"城镇化",大概是为了强调城市化也包括小城镇的发展。
⑤ 李强:《主动城镇化与被动城镇化》,《西北师大学报》(社科版)2013年第6期注释1。李强认为,城市化和城镇化两个概念原来并没有本质区别,但是,由于我国经中央政府行政审批的城市仅有657个,而可以称为城镇的地方则有数万个,这样,在我国使用城镇化概念通常就涵括了所有的城市和城镇。所以,本书在涉及国际一般规律或其他国家的情况时多使用城市化概念,而在专讲中国情况时多使用城镇化概念。
⑥ 郑杭生:《社会学概论新修(第四版)》,中国人民大学出版社2013年版,第338页。

以"户籍制度为核心以及由此带来的一系列各种制度,将农村人口向城市流动的大门堵得严严实实,农业劳动力转移滞后于产业结构变迁,产业工人化滞后于工业化,城市化滞后于工业化"①。统计数据显示,1949年我国的城市化水平是10.6%,1959年是18.4%,1978年是17.9%。②

可以看出,在新中国成立后到1978年改革开放前,中国的城市化进程非常缓慢。近30年时间的发展,我国城市化率的增长还不到10%,一段时间城市化进程还出现倒退。这固然有"文革"期间对整个社会生产的严重破坏,还有"上山下乡"政策的影响,也有计划经济体制下实行的不利于城市化进程的人民公社制度制约和严格的"城乡二元"户籍制度的限制,使得我国城市化进程严重滞后于工业化,也使农村发展能力不足,农民生活水平低下。与此同时,"世界城市化平均水平1980年已经达到42.2%,发达国家平均达到70.2%"③。

1978年改革开放以后,中国的城市化进入一个快速发展时期。统计数据显示,1978年我国的城市化水平为17.8%,1990年城市化水平为18.9%,2000年的城市化水平为36.2%,到2010年我国的城市化水平达到了49.7%。④据统计,2011年中国大陆总人口是13.45亿。其中城市人口为6.9亿,农村人口为6.55亿。城市人口首次超过农村人口,城市化水平达到51.3%。因此,2011年是中国城市化进程中具有里程碑意义的一年,标志着我国城乡社会结构发生了一个历史性变化。但实际上约有2.8亿的城镇人口是持农业户籍的,这部分人绝大多数是长期在城镇居住的农民

---

① 刘爱玉:《城市化进程中的农民工市民化》,载谢立中、郑相垣主编《社会转型:中韩两国的考察》,社会科学文献出版社2012年版,第43页。

② 数据来源:国家统计局历年的统计年鉴。

③ 李培林:《城市化与我国新发展阶段——我国城市化发展战略研究》,《江苏社会科学》2012年第5期。

④ 数据来源:根据历年统计年鉴整理所得。

❖ 第三章 农民工市民化的宏观背景 ❖

工及其部分家属,他们实际上只是"半城市化",没有完全融入城市。①

(二) 城市化的阶段性特征与农民工市民化

改革开放以来,伴随着工业化和现代化进程的加快,我国的城市化将如何实现,也就是说,中国将走什么样的"城市化道路"②的讨论,逐渐成为学术界和政府部门关注的焦点和热点。正由于此,我国的城市化道路大致经历了这样几个阶段。

1978年以后,在家庭联产承包责任制的推行下,农村经济发展迅速,乡镇企业发展活力明显,部分农民从事非农工作,他们的收入有所提高,生活水平也在上升,有农村人口向乡镇集中的趋势。费孝通经过研究,在1984年发表了《小城镇 大问题》这篇著名文章。他指出小城镇被看作农村人口向城市转化过程中的蓄水池,并肩负着解决农村大量剩余劳动力、带动农村经济、协调城乡关系、化解农村深层次矛盾、最终实现农村城市化和农业现代化的使命。③小城镇道路的观点是主张农民的"离土不离乡"的从农村向城镇集中,实现了部分农村剩余劳动力向乡镇的转移。小城镇道路的战略思想也被纳入了国家城市化导向性政策体系,④曾一度被称为中国特色的城市化道路。⑤

---

① 因为在统计中把在城镇居住半年以上的农村户籍人口统计为城镇人口,所以导致城镇人口虚高。李培林:《城市化与我国新发展阶段——我国城市化发展战略研究》,《江苏社会科学》2012年第5期。
② 在中国,"城市化道路"有特定的含义,主要是指以什么样的类型为主实现城市化。参见郑杭生主编《社会学概论新修(第四版)》,中国人民大学出版社2013年版,第342页。
③ 费孝通:《小城镇 大问题》,《瞭望周刊》1984年第5期。
④ 秦尊文:《小城镇道路:中国城市化的妄想症》,《中国农村经济》2001年第12期。
⑤ 李培林:《城市化与我国新发展阶段——我国城市化发展战略研究》,《江苏社会科学》2012年第5期。

20世纪90年代后随着社会主义市场经济体制的逐步建立,工业化、城市化的深入推进,大量农村剩余劳动力开始"离土又离乡"的外出打工,向城市流动、转移,形成大量的"民工潮"现象。在小城镇战略下的城市化过程中,小城镇吸引更多剩余劳动力的作用没能真正发挥出来,且由于小城镇中的乡镇企业"村村点火,处处冒烟"的这种粗放经营发展方式,破坏了生态环境,没有带来真正的城市文明,却形成了声势浩大的"民工潮"现象。农民工春暖花开时外出打工,年关将至时返乡回家,大量的农民工处于"候鸟式"或"钟摆式"流动。他们只是城市的匆匆过客,虽然为城市的发展建设贡献了力量,但由于户籍制度的限制却不能享受到与城市居民同等的福利待遇。2000年以后,针对小城镇发展带来的一系列问题,国家开始调整城市化的发展战略。党的十五届三中全会通过的《中共中央关于农业和农村工作若干重大问题的决定》提出"发展小城镇,是带动农村经济和社会发展的一个大战略"。该决定认为,发展小城镇可以吸纳众多的农村人口,降低农村人口盲目涌入大中城市的风险和成本,缓解现有大中城市的就业压力,走出一条适合我国国情的大中小城市和小城镇协调发展的城镇化道路。中西部地区,应结合西部大开发战略,重点支持区位优势和发展潜力比较明显的小城镇加快发展。与此同时,为鼓励农民在小城镇落户,进行小城镇户籍制度改革,允许部分条件成熟的农民在自愿基础上落户小城镇,并按城镇居民同等待遇,这在制度层面为农村剩余劳动力的转移和农民工市民化放松了政策限制。2006年发布的《中华人民共和国国民经济和社会发展第十一个五年规划纲要》提出,促进城乡区域协调发展,统筹城乡区域发展,实行工业反哺农业、城市支持农村,推进社会主义新农村建设,促进城镇化健康发展。2007年党的十七大报告中提出,走中国特色城镇化道路,促进大中小城市和小城镇协调发展。

❖ 第三章 农民工市民化的宏观背景 ❖

2010年中共中央、国务院《关于加大统筹城乡发展力度进一步夯实农业农村发展基础的若干意见》中提出积极稳妥推进城镇化,加强中小城市和小城镇发展作为重点;把促进符合条件的农业转移人口在城镇落户并享有与当地城镇居民同等的权益为主要任务。

2012年胡锦涛在党的十八大政治报告中提出,坚持走包括新型城镇化在内的"四化一体"的道路,推动工业化和城镇化良性互动、城镇化和农业现代化相互协调;促进区域协调发展,推进城镇化为重点,科学规划城市群规模和布局,增强中小城市和小城镇产业发展、公共服务,吸纳就业、人口的集聚功能;加快户籍制度改革,有序推进农业转移人口市民化。

但是对新型城镇化的具体理解还有不同的观点。譬如,新型城市化是体现为政治、经济、文化、社会"四位一体"的城市化,集约发展、统筹发展、和谐发展的城市化,坚持以人为本的城市化。① 新型城市化是人口向城市转移,使城市结构发生变化;在继续推进人口转移型城市化的同时,大力推进结构转换型的城市化。② 新型城市化应当是推动农村发展的城市化。即新型城市化是全面的、综合的经济社会发展的道路和战略,决不单纯是城市人口机械的扩大,农村人口表面的减少。而农村人口减少并不能像某些拉美国家那样迫使农村人口破产,被迫流入城市,成为城市的"贫民"。也不能像某些人所说的,把农村人口赶往城市,特别是大城市。我们的城市化,其本质是提升农民的经济地位,改善他们的生活状态,改变农民的身份,使农民享受与城市居民同样的经济权利和生活条件,获得同样的发展的机会。③

---

① 牛文元编著:《中国新型城市化报告(2011)》,科学出版社2011年版。
② 程必定:《中国新型城市化道路的选择》,《青岛科技大学学报》(社会科学版) 2011年第3期。
③ 杨重光:《新型城市化是必由之路》,《理论参考》2010年第2期。

城镇化，本意就是农村人口逐渐向城镇集中、农村地区逐渐转变为城镇地区的过程。旧式城市化主要是土地的城市化，一般都是以政府主导的围田造城运动，是对土地的粗放利用。新型城镇化核心是以人为本，关键是提升城市化质量，在人口逐渐向城市集中的过程中，实现人的城镇化，提高城镇人口的素质和居民生活质量。推进农民工市民化，目前的主要任务是解决已经转移到城镇就业的农民工的落户问题。

可以说，新型城镇化（城市化）的提出，将成为今后几年我国城市化发展战略，大规模投资拉动的城镇化模式已被摒弃，有序推进农业转移人口市民化成为主要目标。尽管大量的人口迁移促进了城镇化水平的提升，但由于户籍制度，特别是附加在户籍制度上的城乡居民福利差别的限制，大部分在城镇居住半年以上被称为城市人口的农民工，仅仅是实现了职业上的转换，并没有获得真正的城市居民身份，不能享受相应的社会保障和公共服务，其社会福利仍维持在原有的农村水平，生活方式和消费观念等也未发生大的转变，并未成为真正意义上的"市民"[①]。当然，要真正实现农民工市民化，还要有财政、土地、户籍等制度的一系列改革。新型城市化的完成，核心是以人为本的人的城市化。在中国这样一个发展中农业大国，人的城市化，关键是8亿多农业人口中其中有2.6亿的农民工群体的城市化，进而是市民化，才能真正实现中国的城市化。

（三）西北地区的城市化质量与农民工市民化

城市化特征的地域差异反映出城市化阶段性。在工业化推动城市化这一基本共性下，由于东、中、西部的经济发展条件和水

---

① 国务院发展研究中心课题组，刘世锦等：《农民工市民化对扩大内需和经济增长的影响》，《经济研究》2010年第6期。

❖ 第三章 农民工市民化的宏观背景 ❖

平差异较大,面临的主要矛盾也不相同,所以,各地城市化模式迥异。我国的中西部地区的城市化道路不能简单、盲目地仿效沿海地区三大经济圈的做法,而是要根据各地区大中小城市及城镇体系的自然地理位置、经济发展水平、城镇的规模结构,来制定合理的城市化发展战略,规划和实施自身的城市化道路。

从当前中国地方经济发展态势来看,不仅城乡之间存在严重差距,而且城市与城市之间也存在着巨大的发展差距。西北地区经济发展落后,东、西部差距越来越大,城市化质量和城市化程度严重不足。

城镇化质量的地区特征主要表现在东部地区的城镇化质量显著高于东北、中部和西部地区,这与我国各地区经济发展水平基本相符,即经济发展水平高的地区往往城镇化质量也较高,经济发展相对落后的地区城镇化质量也较低。西部地区的城市化质量和城市化水平均落后于东部发达地区。"2012年西部地区城镇化率和东部相差11.5个百分点,甘肃等8个省区的城镇化水平还低于50%。"[1] 以LZ市为例,LZ市的城镇化水平位居全国第20位,但城镇化质量排在第104位。[2] 可以看出,LZ市的城镇化质量严重滞后于城镇化水平。因此,未来中国城市的发展应该是提升城市发展的质量。以多层次多元化的"城市化"才能把传统的农村与城市"二元经济"结构调整及融合,并满足现代中国多元化的城市发展的要求,才能让农民真正进入城市,让农民真正地市民化。[3]

应该说,新型城市化的不断推进,为农民工市民化的实现提

---

[1] 刘伯霞、刘东洋:《西部城镇化进程推进与质量提升问题研究》,《甘肃社会科学》2014年第6期。
[2] 魏后凯等:《中国城镇化质量报告》,《中国经济周刊》2013年第9期。
[3] 易宪容:《"过客"定居可让中国GDP再翻番——城镇化的实质是农民的市民化》,《人民论坛》2013年第2期上。

供了新的动力。虽然新型城市化的核心是人的城市化,但仅靠个人的力量是不行的,在西北欠发达落后地区城市,新型城市化的推进仍然要靠多方面因素的协调和配合。而作为人的城市化的关键的农民工的市民化,除了要有政府外源动力外还要有自身的内源动力。要在这种"二元动力聚合转换"理论[①]的基础上,实现中央政府的宏观政策、地方政府的中观措施和农民工自身的微观意愿和能力等方面"聚合互构"。尤其是在西北地区城市化水平低于全国水平的状态下,更应该在国家层面推动的基础上,充分尊重农民工自身的意愿和发挥他们的能动性,切实实现市民化。

  伴随着农民工向城市流动的连年增加,我国经济持续、平稳地发展,这可以为农民工提供更多的就业机会和增加更多的收入。在增加收入的同时也为他们向市民转化奠定了一定的经济基础。新型城市化的推进,在城市规模和质量不断提高的同时,城市会提供工作岗位,需要农民工从事各种非农工作,可以为农民工市民化提供动力支持。在调整城乡关系、工农关系这一制度整合时期,农民工可选择的余地及时间较为宽裕,可以充分考虑决定是否市民化。

---

① 刘敏:《山村社会——西北黄土高原地区社会发展动力研究》,甘肃人民出版社1998年版。

第四章　农民工市民化的微观意愿和能力体现

农民工向何处去？这个问题和农民工的历史一样长。不论是政府还是学术界，对此问题都有深入的讨论和看法。改革开放以来，对农村剩余劳动力的出路问题，从"离土不离乡，进厂不进城"，到"离土又离乡"，实行劳动力的异地安置；从加强大城市对农村剩余劳动力的吸收承载能力，到严格控制大城市，积极发展中小城市和小城镇对农村剩余劳动力的吸收承载力，实行有条件的地方就地安置或就近安置，再到推动城乡发展一体化，缩小城乡差距，积极稳妥推进新型城市化，改革户籍制度，有序推动农村转移人口市民化。可以看出，农民工市民化是一个非常复杂的系统工程，由于城乡二元户籍制度的区隔、农村土地制度和农村社会保障制度的不健全等，使得农民工市民化需要来自多方面的因素的推进。换言之，农民工市民化，客观地讲，要有政府部门的可操作性政策措施支持，主观地讲，既要有农民工自身向城市市民转型的意愿，也要有农民工市民化的能力。

一　农民工市民化的意愿及其影响因素

改革开放以后，在广大的农村地区，由于家庭联产承包责任制的推行，尽管农村土地是归农民集体所有，但农民对土地有了使用权和经营权。根据承包双方的意愿和合同，农民耕作土地，尽可能地实现土地的最大产量，因为"交够国家的，留够集体的，剩下的就是自己的"，农民的生产积极性被充分调动起来，农民的生活水平有了很大的提高。同时因为我国人口多、耕地少的现实，使得一部分农民在承包土地之余还有空余时间和从事其他劳动的能力。随着乡镇企业的发展，由于"村村点火、处处冒烟"的这种粗放经营过程中需要更多的劳动力，农村剩余劳动力开始出现，但由于户籍制度的严格限制，农村户籍人口不能转为城市户籍人口，当时大多都是兼业农民，农民们农忙时在农村耕种，农闲时外出打工赚钱，贴补家用，改善提高生活水平。这一时期农民工是否具有市民化意愿，我们还不好确定，但有一点，农民工外出打工，多数是主观愿意的。

新世纪以来，伴随工业化和城市化进程的推进，社会的急剧转型与快速发展，给中国的经济社会建设带来了难得的发展机遇，城市化本身就是农村人口向城市集中，农村地区变得越来越具有城市的功能的过程。"城市化是一个国家在经济增长和社会现代化发展中不可避免的过程。人口向城市集聚是与经济发展及社会现代化密切相关的关键性要素之一。"[1]

在当前社会转型期，农民工市民化除了有制度安排，更需农民工自身具备市民化的主观意愿，才能有序推进农民工市民化。他们能否真正完全融入城市，具备市民性，也是一个不确定的事实，可能还需要一个漫长的过程，也是一个短期内的难解之题。因为在城市化过程中，农民工群体内部有了分化，他们的异质性增强，出现了农民工的代际差异和地域的差别。代际差异主要体

---

① 李路路：《向城市移民：一个不可逆转的过程》，载李培林主编《农民工——中国进城农民工的经济社会分析》，社会科学文献出版社 2003 年版，第 116 页。

❖ 第四章 农民工市民化的微观意愿和能力体现 ❖

现在年龄在 50 岁以上的，还没有一份较为稳定的职业的农民工，这部分人都想着干不动活之后回到农村的家乡去，但是对他们的子女期望很高，非常希望他们将来能落户在城市，在城市工作、生活。地域差别主要体现在，跨省（或跨地区）流动的农民工们大多希望今后回到自己的家乡，但是在本省内或者本地周边务工或经商的农民工们已经非常希望今后在城市生活。

（一）农民工市民化意愿的代际差异

1. 不同代际的农民工市民化

一般来说，农民工的年龄越大，他自己今后市民化的意愿不是很强烈，有的甚至是不愿意市民化。但有一点很明确，就是希望自己的子女后代（下一代）今后能工作生活在城市。如果子女在读书阶段，则这种倾向将子女今后的工作生活定位在城市的意愿非常明确。

笔者在 LZ 市调查时，问被调查者，

您有没有打算在城里定居，成为城里人呢？他是这样说，（我）一辈子想都不想。（为什么呢？）（我）我岁数大了，没文化，靠苦力挣钱，家里还有地种。那您希望您的孩子以后能留在城市吗？肯定希望的嘛，娃娃们成绩好。①

我还是农民，因为（我的）户口还是农村的，只要还是农村户口就不是一个完整的城市人。（愿意成为城市人吗？）如果为我解决户口问题的话，我想我还是不愿意成为城市人，"金窝银窝不如自己的草窝"。②

还有一位被调查者表达了类似的愿望。

她说，我儿子现在是高中读书，高中毕业后希望他能考个学

---

① 访谈资料：ZDG - 005，访谈时间：2013 年 9 月 6 日下午。
② 访谈资料：WG - 011，访谈时间：2013 年 9 月 7 日上午。

校,一直留在城市生活,但不希望他毕业后回老家。(为什么呢?)回去挺丢脸的,面子上过不去,虽然他是农村户口,但我还是希望他以后能成为城里人。①

从以上的访谈个案中,可以看出来,农民工觉得自己的年龄方面已经没什么优势了,自己在主观上是不愿意市民化的,但是都把市民化的希望寄托在自己的子女身上,无论是在城里接受比农村好的教育,还是通过自己本人在城市艰苦奋斗挣钱,为的就是不让子女们步自己农民工的后尘,改变自身的身份,成为城里人。他们说"城里肯定好嘛,钱挣得比我们多,有稳定工作"。

城里人生活体面,工作稳定,收入可观是农民工羡慕城里人生活的基本情况,但农民工本人却没有强烈的市民化意愿。这一代农民工群体大多数是18、19岁前后外出打工,目前已接近50岁左右,快干不动苦力活了。我们认为,这是因为他们已经经历多年在外打工奔波的劳苦和生活的不易,也深知自己年岁已大,身体大不如以前,且不容易改变自身原有的不足,不适应城市生活的快节奏,在城市更没有不能打工后(或者说退休后)的养老保障,还是回到农村家乡好,还能处理一下原有的承包地,能安稳地度过晚年就满足了。但对于自己的子女后代,却是想方设法不让其继续农民工的工作与生活。"对于在城市落户生活,我们这一代人已经很难说了,主要还是看子女以后的安排了"。看得出来,他们对子女后代的期盼。

农民工对子女后代不步其后尘向往城市工作、生活,是其社会动机使然。社会心理学认为,社会动机就是以心理内驱力和心理性需要为动力源泉而形成的促使行为主体朝向一定目标的内在动力。心理内驱力产生于由社会生活环境导致的心理不平衡,但是心理内驱力所引起的需要可以通过补偿或者替代的方式获取间

---

① 访谈资料:YNS-003,访谈时间:2013年9月6日中午。

❖ 第四章 农民工市民化的微观意愿和能力体现 ❖

接满足。①

费孝通在《乡土中国》中指出,从基层看,中国社会是乡土性的,土地是农民的命根。直接靠农业来谋生的人是黏着在土地上的,农民具备的土气,是他们不流动的结果,因此城里人可以用土气来藐视乡下人、农村人。② 这是费孝通考察了中国社会后,指出传统中国社会是乡土社会。新中国成立后建立的"城乡二元"户籍制度,在计划经济的体制下,限制了人口的流动与迁移,尤其是限制了农村人口向城市的迁移。改革开放以后,虽然人口流动限制逐渐放开,"城乡二元"户籍制度的限制有所改革,但是制度变迁过程中路径依赖效应,还时时产生着影响,也使得"城乡二元"差距越来越大,产生了由城乡户口带来的城乡居民的一些"同工不同酬、城乡有差别"的这种不公平的现象。

由于农民和城市居民所处的现实社会生活环境不一样,人际交往和接触面之间也存在差别,使得农民和市民之间似乎天生就不平等,不能享受同等的社会福利待遇和行使种种权利。现行的农村土地制度,把农民局限在有限的土地上,种地是他们谋生的手段,农民靠天吃饭,常年的土地农耕生产,也逐渐形成了农民所具有的浓厚的乡土气息,由此农民的社会地位就是比市民的社会地位低微。而"城乡二元"社会结构下的社会保障制度也是农民与市民之间不平等的表现。中国为了推动现代化建设,建设社会主义强国,改革开放战略的实施,也是中国从传统型社会向现代型社会快速转型的开始。在这一社会转型过程中,"城乡二元"社会结构严重制约着农村剩余劳动力向城市的转移,进而制约着农民工市民化的进程。

---

① 周晓虹:《现代社会心理学——多维视角中的社会行为研究》,上海人民出版社1997年版,第208页。

② 费孝通:《乡土中国 生育制度》,北京大学出版社1998年版,第6页。

从社会流动的观点来看，一般地，人们都有向上流动的期盼和向往，通过各种渠道和自身的努力奋斗实现自己的梦想，大多数的农民工群体在建设城市，为城市社会发展建设作出巨大贡献的同时，受到城市生活的吸引，但是农民工经过多少年的外在打工奔波劳苦，说明农民工向上流动的渠道不畅，至少是自己通过努力没有完成向市民的转变抑或是市民化。尤其新生代农民工，他们没有务农经历，也不愿意从事农业生产，他们的生活方式受到城市市民的很大的影响，向往城市生活，很希望和城市居民一样生活。他们在工作之余，畅想着自己的未来，"都是在城市工作生活的人，为什么叫我农民工，我为什么不能成为城市人"成为这一群体市民化的内在驱力，因此，这种心理内驱力就可能产生市民化需要。但是第一代农民工是不是产生过这种市民化的内在驱力？我们没能更深地触及到，但是他们从他们这一代比较一致的想法——让自己的子女后代成为城市人，或者不要再从事农民工这样的工作的期望，就可以说明，第一代农民工还是有市民化的希望的，但他们没能实现，起码是在实现市民化过程中遇到了诸多的困难，他们不想再让后代受到同样的困难，我把我的这种市民化的意愿转嫁给后代，他们通过培养下一代子女，实现新生代农民工或自己子女的市民化获得间接的心理满足。这是农民工市民化过程中形成的第一代农民工和第二代甚至第三代之间的区别。代与代之间的差异，从社会学的视角看实际上反映的是社会结构、社会生活变化的速度与程度。①"就农民工本身而言，他们初期的那种'出来挣钱，看世界'的内在驱动，正在随着时间的推移，不断地转变成为了一种新的生活体验；他们或者在再社会化的过程中逐渐

---

① 郑杭生主编：《社会学概论新修（第四版）》，中国人民大学出版社 2013 年版，第 127 页。

❖ 第四章 农民工市民化的微观意愿和能力体现 ❖

地更新了自己的价值观念和行为规范"①,因此,从社会化的视角看,农民工市民化,实际上就是农民工在城市打工的过程中,学习城市居民的生活方式,培养在城市社会生活的技能,内化市民特质,逐渐适应城市生活的过程。从纵向看,在这一过程中,不同世代之间出现差异是正常的,也是可能的。我们把不同世代之间农民工在市民化过程中表现出的各种不同,称为农民工的代际市民化。

具体来说,农民工代际市民化是指农民工在市民化进程中,由于自身原因未能实现市民化转化时,将自己的市民化意愿通过对第二代农民工的市民化的实现而表现的市民化。

2. 农民工代际市民化的影响因素

目前,一般认为农民工群体的代与代之间的分化,有老一代农民工和新生代农民工之分。因此,本研究所涉及农民工的代际市民化,主要是指老一代和新生代农民工之间的代际差异。一般认为,新生代农民工②出生于改革开放之后,大多属于80后、90后的年轻人,有的可能还是独生子女。譬如,他们出生于改革开放以后,外出打工时的平均年龄为20岁左右,大多未婚,受教育程度比老一代农民工高;尽管比老一代农民工在就业和住房条件等方面有明显改观,但新生代农民工的社会经济状况不容乐观。③

我们在调研中发现,在150名30岁以下的被调查者中,有115名近77.7%的新生代农民工愿意市民化;64.5%的男性农民

---

① 李汉林:《关系强度与虚拟社区——农民工研究的一种视角》,载李培林主编《农民工——中国进城农民工的经济社会分析》,社会科学文献出版社2003年版,第96页。

② 关于新生代农民工的概念,学术界比较一致的观点是指改革开放以后出生的、具有农村户口并在外打工,从事非农职业的这部分群体。除此以外还有类似的称谓,譬如,王春光提出新生代农村流动人口概念;刘传江等人提出第二代农民工概念。邓大才的研究进行了细分,还区分为了第二代农民工和第三代农民工。尽管不同的研究者对这一群体称谓不同,但基本上是指这一群体。

③ 朱勋克、汪雁、刘蕾:《新生代农民工及其市民化研究述评与展望》,《中国劳动关系学院学报》2012年第3期。

工愿意市民化；在被调查的98名受教育程度为高中及以上的农民工中，有71人愿意市民化，占被调查者的72.4%。总体上看，年龄在20—30岁左右，受教育程度在高中及以上的男性农民工，他们有着较强的市民化意愿。另外，农民工对自己子女未来的考虑和本人的来源地情况也是非常重要的影响因素。

当我们问到"你愿意成为城市人吗？为什么？"，有被访者这样说"当然愿意了，谁不想成为城里人啊。城里条件好一点，生活方便一点，相对来说孩子也会受好一点的教育，一切都是为了孩子，只要能给孩子更好的生活，我愿意努力，不管多辛苦，我都可以。还有就是城里的发展前景相对于好一点，城里的人多，做生意可能会好一点"。①

但是一位工地管理人员对我们说："我觉得农民工有市民化的意愿，而且迫切。（因为）想让他们的孩子享受和城里人一样的待遇、资源，这是第一。第二，他也想享受城里的福利待遇。"② 可以看出来，农民工市民化的意愿，首先是从子女的角度考虑的，如果能成为城里人，那将会对自己的孩子有更好的前景。哪怕自己累点、辛苦点都没关系，而且也很愿意。当然也考虑了自身的发展，"城里发展前景好些，人多，做生意可能会好一点"。

这一个被访者外出打工，是由于家乡的收入低，条件比城市差，为了弥补家用外出打工，同时也是为了"让孩子们生活好一点"，自己虽然辛苦，但可以贴补家用。他说"愿意啊。城里人收入高，工作稳定，来钱的机会多。城里生活好一点，最起码比我们家那边的条件要好，我是因为家乡那边的收入低，条件差才出来打工的，不然我也不会出来啊，这边虽然辛苦一点，但最起码还可以挣一点钱，给家里人补贴一点，让家里的生活不是那么太

---

① 访谈资料：WNS-002，30岁。2013年9月16日下午。
② 访谈资料：WSJ-009，40岁。2013年9月7日中午。

❖ 第四章 农民工市民化的微观意愿和能力体现 ❖

拮据，让孩子们生活好一点"。①

这两个个案，被访者都是调查地本省人，都有较强烈的市民化意愿。他们认为城里的发展前景广阔，发展机会多。为了能挣钱贴补家用，为了子女能生活得好一点，愿意成为城里人。也就是说，这一部分农民工有市民化的强烈意愿。

但是也有被访者通过对自己家乡和现在打工的城市做比较后，表达自己市民化的意愿。"有机会愿意。如果城市的政策好，再加上自己能力够的话，愿意成为城市人。城市不仅有比较方便的公共设施，另外对孩子以后的教育好一些。但是如果家乡建设得好的话，还是愿意留在家乡，毕竟，家乡环境好一点，城市污染比较重"。

也有被访者表达了自己没有市民化的意愿，"（我）不愿意。城市人太小气，不好融入。只是出来打工挣钱寄回家。（再者）城市里房价高买不起，消费也高，生活压力大，农村没那么大的压力。"

还有一些表示出了一种矛盾的心理，具有强烈的市民化意愿，但是觉得自己能力不够，实现不了市民化。

"我其实是很愿意成为城市人的，但一想起城市生活的各种压力，就觉得还是挣些钱回家的好，在家乡盖房子就挺好的，城里房子贵，看病贵、孩子受教育费用昂贵，怕是挣的都不够在城里的消费呢"。

农民工对市民化的意愿有着自己的主见，当问到是否愿意市民化，成为城里人时，他们既要根据自己实际来表达市民化的愿望，而且也受到了多种因素的影响。在这些因素的影响下，有的农民工市民化意愿强烈，有的农民工则没有市民化的意愿。具体来说，农民工市民化的意愿更多地是受到年龄、性别、婚姻家庭

---

① 访谈资料：LDG-010，37岁。2013年9月18日中午。

状况、受教育程度等方面的影响。我们发现，和老一代农民工相比，年龄小，受教育程度较高的男性农民工有着较为强烈的市民化意愿，并且是除了表达自己的愿望后，大多数表达了为子女的今后发展着想。这一部分农民工，大体上就是新生代农民工群体。他们的年龄大约在 20—30 岁左右，基本上是初中毕业后进入城市打工的，也有一部分是高中学历及以上的农民工。他们对土地的依赖不很强烈，且大多数人没有农耕的经历，甚至不会耕种。但是他们向往城市生活，穿着打扮接近市民，生活消费向市民学习，外出打工是为了能离开农村，摆脱农村，成为真正的城市人。因此，他们市民化的可能性较大。

简言之，新生代农民工和老一代农民工之间在市民化意愿及可能性上有不同程度的差异。由于我国农民工数量庞大，各种因素复杂，一次性全部实现市民化的可能性也不大，所以可以考虑将市民化群体的重点放在新生代及以后的农民工群体上。

（二）农民工市民化意愿的地域差异

1. 来自不同地域的农民工市民化的差别

来自不同地方的农民工对市民化的意愿是不同的。我们所调查的农民工中，共计有来自 22 个省份的农民工。其中来自甘肃本地的农民工有 334 人，占被调查人数的 66.8%，国内其他省份的农民工有 166 人，占 33.2%。如来自安徽、河南、四川、广东等地。我们发现，来源地不一样的农民工，他们对市民化的意愿是不一样的。来自甘肃本地的农民工，尤其是来自被调查地——LZ 市周边农村的农民工，他们有强烈的市民化意愿。但是来自外省的农民工，如四川、河南的农民工，他们对市民化的意愿不大，他们大多是想在挣到钱后，回到家乡去。

我们在调查中遇到这样一位年纪较大的、来自河南的农民工，他已经在 LZ 市打工 20 多年了（主要以收废品为主）。我们问他是

❖ 第四章 农民工市民化的微观意愿和能力体现 ❖

否希望转为市民,有没有市民化的意愿?他说,

　　我是不希望(转为市民),我不喜欢城市。(那您当初为什么来到城市呢?)我们那边(河南农村)一年种两季庄稼,没事的时候我就出来,等我回去的时候就只管收,收完再种,然后再收。家里面种地也不耽误,我在这边还能挣几个零花钱。(那您今后有定居城市生活的打算吗?)他说,我是农村户口。我没打算在城市里过,如果有机会我也不会在这里,我会回老家去(我老家在农村)。我回去以后种我的那几亩地,四亩地一年的收入能有四万多块钱,也够花了。①

　　这是一位相对来说比较自由的农民工。他根据他自己的情况来分配自己外出打工的时间,农忙时在家务农,农闲时外出打工挣钱,而且挣的是零花钱,把外出打工没当作主业(主业仍然是务农),只当作自己挣个零花钱的工作。实际上,据我们了解的情况是,现在收废品的农民工的收入很不错,他们每天的收入基本在百元以上,而且基本是在一个相对固定的地点来回走动收货,尤其在年关将至,他们的生意特别好,要提前打招呼或提前电话"预约",否则,你家的废旧物品可能卖不出去。一方面,他们也要准备回家过年(一部分已经回家);另一方面,"货"多而收货人太少顾不过来。此时他们就是买方市场,有选择地,挑选一些离废品站近的以及他们认为值钱的货品。

　　同样,我们在一个建筑工地也遇到这样一位准备回老家继续生活的农民工。

　　我在外打工已经有十多年了,家里的承包地已经转送给别人了,宅基地有半亩多,(房子)现在空着。因为儿子当兵复员在外地,女儿在外地上大学,所以没人住,但是还留着,哪天回去了还要住。(如果条件或政策允许,您是否愿意脱离农村,成为真正

---

① 访谈资料:ZLT-004。2013年9月13日上午。

的城市人?)从我的思想观点上来看,我从来没有考虑过这个问题,城市和农村都一样,现在这个社会对农村还是比较开放的,我们虽然没有种地,但是农村还是有一些补贴,一般的城市人如果要是没有适当的经济收入,还不是一样的(差别不大)。从我来说,我们祖祖辈辈都是农村人,要让我们买个城市户口到城里(生活),关键是没有这个必要。①

这个人来自四川巴中,目前是一个建筑工地的小头目,手下有十几号人。他当过兵,外出打工之前在当地村委会做过会计工作,走南闯北已经十余年了,先是到上海,后到 LZ 市,一直从事建筑行业的工程。年收入 10 万元左右。这也是一位对市民化没什么愿望的农民工,他认为,农村和城市是一样的,自己也没考虑过市民化的问题。

但是我们在调查中也遇到了不同的说法。来自甘肃本省的,尤其是调查地——LZ 市周边的农民工,他们却有着强烈的市民化意愿。我们问一位被访者,

(您想不想成为城里人呢?)想呀,当然想呀。(为什么呢?)那(我)现在到城市这么长时间了,再回去(老家)感觉有点丢人吧。(那如果您在老家是有地的,您要转为城市户口,必须放弃农村的土地,您愿不愿意?)愿意啊。(为什么呢?)反正不去种了,要上干啥呢。如果经济适用房能买下来,成为城里人就有希望了。②

还有一位被访者这样说,

我已经买了经济适用房,我先得把老婆的户口转来 LZ 市。按相关政策,娃娃的户口随母亲,母亲是城市户口了,娃娃的户口也就顺理成章地成为城市户口了,所以我先把老婆的户口转为城

---

① 访谈资料:BGT-005。2013 年 9 月 7 日上午。
② 访谈资料:YNS-003。2013 年 9 月 6 日中午。

❖ 第四章 农民工市民化的微观意愿和能力体现 ❖

市户口。①

从以上这几个案例可以看出,来自不同地方的农民工,他们的市民化意愿是截然不同的。来源于本省城市周边的农民工,他们的市民化意愿很强,但是来自外省的,家乡离打工地很远的农民工,他们在打工地市民化的意愿比较弱,但是他们是否有在家乡离城市很近的地方买房定居,进而市民化?我们目前还不得知。

所以来源地不同的农民工,在市民化意愿上存在着地域差别。我们借用费孝通先生曾经提出的差序格局概念,来解释农民工市民化的地域差别。费孝通先生曾说,中国乡土社会的基层结构是一种所谓的"差序格局"的,"以'己'为中心像石子一般投入水中,和别人所联系成的社会关系,像水的波纹一般,一圈圈推出去,愈推愈远,也愈推愈薄"。② 具体来说,是指以己为中心的石子投向水中后所形成的水的波纹,而波纹之间的关系,就是差序。因此,差序是指有亲疏远近关系的。我们在此借用差序概念,是指以某一城市为中心,农民工自认为自己离城远近而形成的某种亲疏远近关系。他们的来源地如果离中心城越近,则他们市民化的意愿就强,离中心城越远,则他们市民化的意愿就弱。当然这里所说"远"和"近"是一个理想的概念。农民工来源地与打工所在城市之远近在某种程度上就表现为农民工市民化意愿的强弱。因此,从横向视角看,来源地不同的农民工之间的市民化差别,就可以看作是农民工的差序市民化。

2. 农民工差序市民化的影响因素

在此,我们把不同来源地的农民工所具有的不同市民化意愿,称为是农民工市民化过程中的差序。我们认为,农民工来源地离打工城市距离近的,他们的市民化意愿较为强烈,而来自外省的

---

① 访谈资料:MCB-003。2013年8月30日下午。
② 费孝通:《乡土中国 生育制度》,北京大学出版社1998年版,第27页。

农民工在打工地要市民化的意愿不甚强烈。

从微观层面看，农民工自身的个体经历及素质是影响他们市民化的重要因素。一个人的多方面的经历、内在的素养和他的视野对其行为的选择有很重要的影响。早期农民工外出打工是一种迫于生存压力的不得已的外出行为，但是在经历了多年的打工劳苦奔波后，农民工们已经是比较理性的了。他们看到了想成为市民，在城市生活时会受到各种的限制，并和现有的国家对农民的各种政策的对照中作出自己的选择。尤其是年龄较大的农民工认为自己外出打工仅仅是一种暂时的生存策略应对，最终还是要回到农村的老家安度晚年。

当初离开家是为了到城里来谋生，城里的生活条件相对较好，可以学到一技之长；还有就是身边的人都出来打工了，自己也就出来了。对现在打工的场所还挺满意的。（如果条件或政策允许，是否希望脱离农村来到城市生活，成为真正的城市人？）不愿意，因为（我）觉得城市人也没有什么好的，现在也有很多人都到农村去，城市生活压力太大，生活太累，房价又高，很难承受。①

这一个个案的目的明确，就是外出挣钱。他当时外出打工就是为了在城里谋生，学个一技之长，提高生活质量和生活水平。他是一个吊车司机，工作也相对稳定，工资收入也算可以，虽然已经来此地有两年多了，但是他没有市民化的意愿。主要原因是自己外出打工就是为了暂时离开生活条件差于城市的农村老家，但是城市生活压力大，不如在农村过得自在，所以基本没有市民化的意愿。

我最初在上海，后来去过山西、河北等地，现在LZ这边（干活)，其实打工的基本上都差不多，差别也不大，关键是这边凉快，上海那边太热了。在家乡做基层干部的时候干过农活，其实

---

① 访谈资料：DCS-001。2013年9月4日中午。

❖ 第四章 农民工市民化的微观意愿和能力体现 ❖

也没有做过多久,之后就一直在外地工作了。我们祖祖辈辈都是农村人,要让我们买个城市户口到城里(生活),关键是没有这个必要。从政策上说,对农村偏向也比较多,现在各个方面都比较好了,干不动了后我就回农村老家养老去。①

　　这一个案已经在外打工20余年了。此人可以说见多识广,朋友也多。他是四川人,当过兵,复员时由于是农村户口,就回到了原籍。曾经做过村委会干部、会计,后来外出打工,先后到过很多的地方,现在是一个包工头,手下有几十号人,年收入十来万元,自我感觉不错。此人经过20多年的打拼,已经在建筑行业有一定的技术和能力,能带领一批人在建筑工地从事某一种工程的施工任务,而且他和建设单位、施工单位的合作比较愉快,工人们也愿意跟他干活,因为能尽可能按时为其他的农民工发放工资。根据他说的,他是经过同各地(上海、山西等地)在地域、气候、工程难度、工资等的比较后,觉得LZ市还不错,已经在LZ市干了好多年。当问及他有没有市民化的意愿时,他说,他没有市民化意愿,要看他的子女们了。虽然城市不错,但他还是觉得农村好,农村生活简单,空气质量好,他在干不动活后就回老家养老去。而且他说现在他所在的四川省某地农村,虽然他们常年在外没有种地,但还有补贴。他说:"我是农村户口,养老保险、医疗保险和城市都是一样的,农村户口也可以买,从这里来看,城市户口和农村户口没有多大的区别。我现在在外打工挣钱主要是为了供给我的孩子上学,希望我的孩子能考个学校,有个好些的工作,起码轻松些的工作。像我这样的一年四季大部分时间在外太辛苦了。"②

　　从农民工的来源地来说,农民工的流动性太大,所以来自跨

---

① 访谈资料:BGT-005。2013年9月7日上午。
② 访谈资料:BGT-005。2013年9月7日上午。

省的农民工在打工地市民化的意愿几乎没有。我们在和一位工地负责人访谈时，他是这样说的，"我这个工地整体上来说是四川人比较多，也有甘肃本地的，但是他们（四川的）留在 LZ 市的意愿并不强烈，甘肃本地人更愿意留在 LZ。农民工的流动性大，我也努力想办法，留住一些我认为技术能力过硬的、跟我干了好多年的一些农民工。我给工地上的这些骨干，为他们买的是商业保险，一份商业保险一年差不多要 5000 多块钱，主要是作为一种福利，让人家（这些农民工）觉得获益同时也是一种保障。这部分钱类似于金融理财性质的，如果有问题可以用来作为赔偿，没问题可以存起来，等存够 15 年或者更长时间，到干不动了（退休时）也是一笔很大的费用。"①

这位负责人为了自己的工程队伍稳定，为部分农民工购买商业保险，这既是一种暖人心、稳定人心的策略，也为这些有某种技能的农民工进行市民化提供了一定的帮助。他介绍说，他给购买商业保险的这几位农民工，技术能力过硬，已经跟他做了好多年，买了商业保险后，他动员这些人将老婆和娃娃们也接到了城市，自己租房在 LZ 市工作和生活（其中有一人已经购买了一套二手商品房），子女们都在 LZ 市接受中学教育。可以看出，这些农民工在工地负责人的某些优惠条件下，使他们包括他们的孩子过上了较为有保障的城市生活。笔者在调研中也看到了这几个人的穿着打扮、言谈举止和其他的农民工有所区别，穿着比较干净，能说较为流利的普通话。

从宏观层面看，我国是一个东西部发展极不平衡的国家，东西部社会发展差距大，人们的收入水平也受到东、中、西部地域差距的影响，这会影响农民工对来源地与打工地之间差距的比较，从而将会导致农民工对打工地城市的认同不足和心理上缺乏归属

---

① 访谈资料：WG-001。2013 年 9 月 4 日上午。

❖ 第四章 农民工市民化的微观意愿和能力体现 ❖

感,认为自己只是暂时在此地打工挣钱,挣钱后他还是会回到自己的家乡。尤其是从外地来到 LZ 市打工的这些农民工,他们说 LZ 市虽然是省会城市,但和他们家乡相比,毕竟是地处西北,尽管资源丰富但信息闭塞,人际交往比较实在但却按部就班、缺乏闯劲。总体上来说,各方面就是比东南沿海地方慢半拍。"不同城市户口的含金量不同,这对农民工有着不同的吸引力:大城市含金量高,农民工想进入但无法进入,小城镇含金量低,农民工能够进入但又不想进入。这些因素都会影响农民工城市进入的步伐。"① 正是由于东西部地区的区位差异和东西部农村户口价值差异的存在,所以,来自外省的农民工定居融入打工地城市的可能性就会受到影响。

实际上,这种地域上的差距也给农民工带来了市民化意愿上的差距。来自东部地区的农民工在西部地区城市市民化的意愿比来自本省或本市周边农村的农民工的市民化意愿要弱。有一位来自外省的农民工说:"这个地方是我打工的地方,我不会在此落户的,我的新型农村社会养老保险和新型农村合作医疗保险都是在老家地购买(或缴纳)的,这里没办法使用。"因为购买这种类型的保险需要身份证件,而我们现行的身份证制度和户籍制度是密切联系的,如果不是当地的户口或身份证,这种保险是不能购买的。这一制度性的限制,也打消了农民工在打工地城市市民化的愿望。类似的新型农村合作医疗保险也是以县为单位统筹,没办法实现跨县区结算,这成为农民工在异地支付医保或社保的障碍。

因此,东、西部经济发展水平的差距和一些制度因素的限制是影响农民工差序市民化的重要因素。

---

① 刘传江:《中国农民工市民化进程研究》,人民出版社 2008 年版,第 99 页。

二 农民工市民化的能力体现

"除非被强迫或存在更有利的诱因,大多数来自农村的流动者不打算再回去"①。从主观自身来看,农民工实现市民化,他们在主观上不仅要有强烈的市民化意愿,更要有一定的市民化能力,来适应城市生活,实现从农民工到市民的角色转换。如果只有市民化的意愿而没有市民化的能力,那是不会实现市民化的。反过来讲,农民工有市民化能力但没有市民化意愿,那么农民工市民化也是一个不可实现的事情。因此,我们说农民工市民化的能力,是农民工在有市民化意愿的基础上,所具备一定的适应城市生活、参与城市社区事务、完成从农民工到市民角色转换的一种主动的能力。

(一) 农民工的就业

在城乡二元社会结构体制和严格的户籍制度限制下,农村劳动力外出就业现象很少,但是改革开放以后,随着制度政策的松动,迫于生存压力,农村剩余劳动力外出就业并渐成"民工潮"规模。一开始他们外出的目的很明确,就是外出通过非农化的工作挣钱贴补家用。在农民工外出打工过程中,他们能根据现实场景和自己的实际不断规划自己的行动,并获得一些似乎难以预期的后果,但基本是以能赚钱或者学技能为目的。换言之,农民工外出打工就业经历了一个从"生存理性"向"社会理性选择"的转变过程。② 从社会化的视角看,一个人要在社会中生存,要具备

---

① 李路路:《向城市移民:一个不可逆转的过程》,载李培林主编《农民工——中国进城农民工的经济社会分析》,社会科学文献出版社2003年版,第127页。

② 文军:《从生存理性到社会理性选择——当代中国农民外出就业动因的社会学分析》,《社会学研究》2001年第6期。

❖ 第四章 农民工市民化的微观意愿和能力体现 ❖

基本的生活技能，要能够自食其力。农民工作为社会中的一员，他们在市民化的过程首先应该具备劳动的技能，以备生存和生活之需。

当前，农民工在建筑行业就业的占大多数，其他的像石油化工系统、铁路系统、电力系统都有一定数量的农民工，这些在企业就业的都是相对正规的工作，还有部分在自己经营铺面，也有一部分游兵散将，今天干这个活，明天还不知道做什么事的。笔者在 LZ 市的调查中，农民工大多数来自建筑企业，还有别的行业的，但都能保证自己的生存和生活需要。只不过在企业就业和自己经营铺面的这部分农民工，他们市民化的能力较强，也在努力地创造市民化的条件。

笔者在调查中和一位市民交流时，问"你认为农民工是否具备市民化的能力？"时，他说："有（能力），他们有些人做生意，赚了很多钱，这些钱就是基础，是成为城里人的基础。而且大多数农民工自身的文化素质都在提高。"而一位建筑工地管理人员针对同一问题这样说："只要政府提供各种有利于农民工发展的条件，农民工自身提高自身素质，（就有市民化的能力）。我们现在的大多数农民工素质还是比较好的，这个是他们市民化的一个潜在条件。"

可以看出来，农民工是否有工作或者对未来有预期，政府能否在农民工市民化过程中提供政策条件，是他们具备市民化能力的很重要条件。如果农民工没有相对稳定的工作，对自己的未来没有基本的规划，还是季节性的"候鸟式"流动，招之即来挥之即去的工作，这不利于市民化的实现。

农民工不能把自己从心里一直定位为农民工，（就认为）我只会出苦力，那不行。咱们老家有个小伙子我认识，他是初中毕业就来到 LZ 市，先在工地干活，工地干了有大概 3 年吧，干了 3 年后他就很不安分（实际是不满现状）。他就一直在想，我能不能再干个啥？他就搞推销、搞其他的，折腾了好几年。现在他是一个经营消防器材的大老板，他直接创业了，也在这里买房定居了。（所以）人应该就像这样的人，不要把自己定位在低层，认为我就是社会最低层的人，我就适合干苦力活，不是的。要有改变自己命运的想法，才会有行动。①

  这是笔者调查时，一位比较熟悉的农民工朋友说的。看得出来，从农民工自身来说，要清楚地认识自己，规划自己的未来生活。当然这和个人的素养有关，好在现在的农民工大多数人的素质比较高，在打工过程中，能够思考自己的未来与出路。这可以说是农民工具备市民化能力的表现。

  与此同时，随着国家启动第二轮西部大开发和推进新型城镇化战略，西北城市建设发展过程中将会出现更多的就业和创业机会，这就需要农民工要有所准备加以应对，而不是被动等待。譬如，可以学一门技术或操作技能，成为技术工人，而不是靠出苦力来工作。

  现在一批"90后"的这个群体，已经开始想着先上个技校，学个手艺，再去打工。已经想着开始用自己的知识、技能去打工。不完全靠出卖自己的苦力去，我学个汽车维修的、炒菜的、美容美发的等。总想着用自己的技能去谋生实现他的梦想。他们是主动出去，而且他们的目标更清晰些。我要怎么生活，基本对自己有规划，（先提升自己的工作能力），一部分"80后"也是，我要去干什么，有自己的想法。②

  当然，一个人能力的体现关键在于自己。譬如，新生代农民工外出打工不仅仅就是为了挣钱贴补家用，改善家庭生活。这一群体大部分是没有农耕经验，也不愿意在土地上找饭吃。他们是

---

① 访谈资料：MCB-003。2013年8月27日中午。
② 同上。

❖ 第四章 农民工市民化的微观意愿和能力体现 ❖

习惯于外出生活并"羡慕城市现代生活",他们外出是追求生活,而不仅仅是为了解决生存问题,更倾向于留在城市。① 所以,农民工市民化的实现,个人能力非常重要,那么,能够就业或者具备一定的工作技能应该说就是市民化能力的最重要体现。

(二) 农民工的人际交往

农民工进城后,除了工作还有日常的人际交往,这种交往主要包括农民工群体间的交往,农民工和工作中的管理人员的交往,农民工和普通市民的交往,这些不同人际交往构成了农民工的日常基本生活。彼特·布劳认为:"有着相近的社会位置的人们之间的社会交往要比其位置相差大的人们之间的交往普遍些,交往的普遍程度随着地位距离的扩大而降低。"② 对于农民工而言,尽管他们生活工作在城市,然而制度上的约束使他们成为城市中的无归属群体,同时社会地位的不平等,阻碍了农民工与城市居民的交往和互动。农民工群体的交往,这个是最常见和最基本的交往。一般来说,农民工群体间的交往更多地是一种业缘关系维系的来往,因为他们在同一个工地干活。抑或是一种地缘关系间的交往,他们可能来自同一个地方甚至还有亲戚关系。不过这些交往关系对其市民化能力的影响不太明显。但是农民工与普通市民的日常交往,可能会对农民工市民化影响较大。

前文述及,农民工市民化的关键,是要农民工在向市民角色转换过程中,提升自身素质,学习城市文明,习得城市生活方式,内化自身的市民特质的过程。在这个过程中,农民工与市民的人际交往在所难免。就目前的情况看,大部分市民对农民工的看法

---

① 刘传江:《中国农民工市民化研究》,《理论月刊》2006 年第 10 期。
② [美] 彼特·布劳:《不平等和异质性》,王春光、谢圣赞译,中国社会科学出版社 1991 年版,第 394 页。

从以前的躲避，到现在逐渐接纳，日常交往也开始多了。

在调查中，笔者问一位市民："您和农民工有没有交往？您觉得农民工跟城市人之间的关系是否融洽？"

我有交往。农村人比较实在，好打交道，城市人的思想还是比较先进的，但是跟农民工接触的过程中，我觉得差距还是在逐渐地缩小。不像我1991年刚来（LZ市）的时候，那时候的差距还是比较大的。刚来的时候，一说起农村人就感觉很生气，现在都不会了，我身边的人对农民工还是比较友善的，现在人与人之间的关系都比较友善了，都比较宽容。农民工、城市人其实都是人，生活在同一片土地上，没什么高低贵贱。虽然已经有很多人接纳他们了，可是他们自己却融入不了城市的生活，这是他们心理上没有足够的准备，所以他们本身也应该做好准备，积极地融入城市生活。（同时）自身的观念、态度要发生转变。①

这是笔者在和市民访谈时，问到市民和农民工主动交往的情况。看得出来，市民的观念已经发生了变化，现在对农民工的态度已经比过去有很大的好转，有些地方已经能接受农民工，甚至离不开农民工，市民和农民工之间的人际交往关系也逐渐融洽。这实际上也为农民工市民化"储蓄"了一定的能力空间。然而，农民工主动地和市民交往的情况较少。因为他们是农村户口，是农民，穿着打扮土气，所以在乘坐公交车、在饭馆用餐都会被人看不起，会受到别人的歧视。譬如，坐公交车，只要农民工一上车，别人就会远离，认为农民工衣服脏，这是人的心理上的一种偏见。因此，一方面，由于农民工自身工作繁忙，像建筑工地的农民工，上下班、吃住都在工地，劳动强度大，休息时间少，接触和交往的基本是和他一样的社会底层人员，基本不和普通市民打交道。另一方面是农民工自身固有的卑微感存在，觉得自己的

---

① 访谈资料：WHN-002，2013年9月15日。

社会地位低，加之自己不会说普通话，交流不畅，认为城市人不实在，会笑话他、歧视他，也就不愿意和市民主动交往了。"由于户籍制度限制，当前城市大量的农民工群体，他们虽可以工作和居住在异地城市，仍会遭遇种种社会排斥，不能享受和当地市民同样的待遇与权利，使得他们生活在高度不确定性和不稳定之中"。①

人际交往是人们日常生活中的基本的互动形式，是要双方都主动地通过某一信息的传递而获得各自的满足。但总体上看，农民工整体素质不高，交际能力有限，与市民的人际交往能力略显不足。但个体是有差异的，也有个别农民工喜欢和人打交道，能说会道，并且能做到"见人说人话，见鬼说鬼话，不人不鬼的就说胡话"，总能和你搭腔交流，沟通信息。这也和农民工自己的工作性质相关。

（三）农民工的城市社区生活

农民工在城市社区工作、生活，社区参与是在所难免的。社区参与就是社区居民积极参与社区事务的行动。社区参与广泛说明社区居民活力明显，社区生活共同体的目标就比较一致，都是为了自己更好地在社区生活。可以看出来，在城市生活中，一方面，农民工有比较积极的参与社区事务的愿望和能力。在社区参与活动中大多是为了农民工群体的利益或者是为了维护农民工自身的权利。这一点上，农民工的群体意识表现突出，当工友的权益受损时，他们大多数愿意一起去申诉、维权，不论维权能否成功，起码在阵势上也表现农民工群体人多势众的团结。然而他们却是比较理性的。笔者在问及如何看待个别农民工采取自杀的极

---

① 陆益龙：《户口还起作用吗——户籍制度与社会分层和流动》，《中国社会科学》2008年第1期。

端方式解决权益问题时,他们近乎一致地表明,很不赞同采取极端方式解决问题。当遇到此类问题时,他们有的主张协商解决,有的主张通过上访,还有的主张通过第三方,更多的主张通过法律渠道解决问题。

具体到农民工的城市日常生活中,笔者主要考察农民工是否积极参与所在社区的事务,是否想参与社区管理,对于农民工群体维权之事是否关心,是否关注一些相关政策,他们的业余文化生活如何,等问题。

有一位农民工这样说:"当然应该(参加社区管理活动),自己也想参加,主要是为了体现公平。现在(我所在)的企业没有相关的工会组织,有些企业有工会组织,但是可能没有什么用处,如果有也想参加。(我)很关注国家的路线、方针和政策,尤其是涉及农民方面的问题。如果自己的工友受到权益的侵害(我)非常愿意帮助他们,因为大家都是一起打工挣钱的,谁也不愿意没有钱回家过年,帮他们也是维护自己的合法权益。要用法律的手段来解决问题。至于业余文化生活,平时有时间就是在网吧上网、看看电影什么的,还有就是打羽毛球。"①

这是一种比较有代表性的说法。笔者在调查中,被访的农民工几乎都表达了应该积极参与社区管理的意愿,有的是为了维护农民工的权益,有的是希望能通过参与社区的选举等活动提升自己的综合素质。但同时都"希望政府提供免费的文化站和图书馆(或者报纸杂志),免费的体育馆"。其中有一位农民工明确表示"如果有机会参与城市的政治生活,我的目标就是要反映农民工的利益要求,主要是增加农民工职业技能培训的机会"。

农民工在城市工作,也在体验自己的城市生活。作为城市社会的建设者,也应该享受一些城市的基本公共服务。但是在"城

---

① 访谈资料:BGT - 003,2013 年 9 月 7 日上午。

❖ 第四章 农民工市民化的微观意愿和能力体现 ❖

乡二元"经济社会结构体制的制约下，城市和农村提供的基本公共服务是有区别的，尤其是隐藏在户籍背后的利益和权利，使得市民和农民享有的公共服务不均衡，进而形成在城市中的农民工所处的这种非城非乡的尴尬身份，自己也不知道到底如何才能享受一些公共服务。所以说，农民工市民化的关键就是要实现城乡居民基本公共服务均等化，消除城乡二元对立和区隔，打破城乡户口背后隐藏的各种利益与权利，在推进城乡一体化的过程中实现均等化的服务。

在调查中，一位建筑工地的管理人员 WSJ① 针对公共服务均等化的问题，明确表明了自己的看法。他建议，政府应该首先考虑住房和子女教育问题。他说："第一个是保障房里面应该有步骤地允许农民工购房，首先让他们把游民变成市民，安居则乐业，对吧，他没有稳定的居所，怎么保证文明的生活质量呢？还有就是子女入学，不要因为户口的差异而附加书费（赞助费之类的），把一切拉得和城市一样，同样的交学费，同样的居住条件，那他们自然就平等了。"

我们得知，农民工对住房问题和子女的教育问题非常关注。尽管教育行政部门要求城里的学校按规定招收一定范围内的农民工子女接受城市中小学义务教育，但是在具体的实施中难度还是很大的。不要说农民工子女，就是城市户口的学龄前儿童，如果户口不在学校所划分的片区范围，正常上学都困难，要托人找关系才能搞定。

目前在 LZ 市，农民工市民化过程中也开始部分放宽户籍制度

---

① WSJ 是建筑集团公司的某部门的中层管理人员，对农民工市民化这个问题有很多自己的想法和看法，在和他较短时间的访谈中，他谈到了城镇化与农民工市民化的关系，政府在农民工市民化中该承担的责任，农民工融入城市的先天不足等等问题。通过对他的访谈，感觉他很关注农民工市民化这一问题，而且很健谈。但由于他本人工作很忙，笔者曾多次预约他，让他就此问题能进行更深的访谈，都未果。

的限制①,同时甘肃省政府将进城务工人员随迁子女就学纳入当地教育发展规划,纳入同级财政保障体系。② 因为教育是当前户口中最核心的利益,如果教育能逐渐从户口中剥离,势必为农民工市民化扫除了最大的障碍。③ 在住房问题上,将农民工群体有条件的也纳入了公租房和经济适用房的购买者范围,而没有以前的户口限制。尽管地方政府层面的这些举措可能在具体操作方面还有一定的难度,但已经为农民工市民化的推进提供了政策依据。

(四) 农民工的城市适应

在经典现代化理论来看,从传统到现代是一个进步的过程。在社会现代化过程中,城市化是一个重要标志,伴随城市化进程的就是农民的非农化、市民化过程。从理论上讲,农民的非农化、城市化和市民化应该是"三位一体"并有一定时序的过程。但是在我国"城乡二元"体制下,职业的转变(非农化)和地域的转移(城市化)并没有出现市民化,它们之间严重的不平衡发展,制约了我国的现代化进程。④ 进而由于严格的"城乡二元"户籍制度的存在,出现了大量的、处于边缘性质的农民工,他们似农非农又亦工亦农,身份尴尬,使得农民工市民化成为我国城市化进程中最为核心的问题。即便是不久的将来完全放开户籍制度,允许农民工自由迁移和流动,改变了农民工群体在城市的这样一种尴尬身份,转型成为市民,能否说农民工就已经实现了农民工

---

① 据报道,2013年5月1日起LZ市119万农业户口转变为居民户口;多年来,为LZ建设作出贡献的引进人才、外来务工人员都可以申办LZ居民户口。参见:http://www.gsgaw.gov.cn/jlhd/rdwd/1222699.shtml。

② 参见《甘肃省人民政府办公厅关于印发〈甘肃省县域义务教育均衡发展督导评估实施办法(试行)〉的通知》。甘政办发〔2013〕102号,2013年6月9日。

③ 李强、胡宝荣:《户籍制度改革与农民工市民化的路径》,《社会学评论》2013年第1期。

④ 文军:《农民市民化:从农民到市民的角色转型》,《华东师范大学学报》(哲社版)2004年第3期。

❖ 第四章 农民工市民化的微观意愿和能力体现 ❖

市民化呢？可以想象，这也许只能算是一种表面的市民化。

农民工外出打工来到城市后，有一个立足生存、调整和适应城市生活的过程。农民工要完成市民化，除了前文述及的意愿、就业保障、人际交往和社区生活之外，最终是在城市生活，要适应城市生活，接受城市文明，内化城市生活方式，形成市民性。

农民工进入城市打工生活，感受着与乡土社会不一样的城市文明，在和市民的接触交往中，不断努力调适自己，为他们能尽快融入城市生活打基础。这一过程"为他们接触现代文明提供了较为快捷的途径"①。"同乡村生活相比，城市无疑是现代的标志或象征。因此，进入城市、获得城市体验是农民接触现代、培养个人现代性的最便捷、最直接的途径"②。

笔者在调查时，和一位市民访谈，问到"农民工市民化过程中，您觉得他自身应该具备什么样的条件？"有一位市民这样说："农民工应该学会融入城市，（要）虚心善意地学，学习城市文明，融入城市文明，不要做城市的破坏者，对不对？我们在同情农民工的时候，农民工也有一些问题的，对不对？比如说不注意卫生，不顾虑周围的环境，人家在休息时他在大声嘈杂（这些也要尽快改变）"。③另一位农民工则说"（要）多读书、多看报，提高自身修养，要有尊重别人的想法和意识"。④

看得出来，不论是农民工自己还是城市市民，都认为农民工原有的价值观和一些生活习惯、社会行为方式和心理态度等方面是不能适应现代城市文明的，必须通过学习来培养与城市文明相适应的生活态度、价值观念和社会行为模式，获得个人现代性

---

① 周晓虹：《流动与城市体验对中国农民现代性的影响——北京"浙江村"与温州一个农村社区的考察》，《社会学研究》1998年第5期。
② 同上。
③ 访谈资料：WSJ-001，2013年9月7日上午。
④ 访谈资料：MCB-005，2013年8月26日中午。

（或者是城市性）来完成市民化。

虽然"农民离开土地的流动经历和他们的城市生活体验在促成其个人现代性"[①] 的养成。"一方面，他们在流动地获得一些社会流动包括晋升机会；但另一方面，又因无法获得凭常住户口才能享受的权利和资源而对未来感到极其茫然，所以他们在获得更多流动机会时，也在承担着多种生活不确定性的风险。"[②] 为了能够在城市生存，农民工进城后必须通过自身素质的提升，尽快适应城市的生活，成为一个具备城市性的人[③]，进而实现彻底的市民化，但这可能需要一个较为长期的过程。

综上所述，农民工市民化的实现，从主观看，一方面，要有农民工成为市民的强烈意愿，这种意愿由于农民工的代际差异影响和农民工来源地的地域差别影响（当然，也可能并不能在农民工群体中得到全部体现）；另一方面，要有农民工成为市民的综合能力，其中包括要实现稳定的就业，能够保障城市的基本生活；还要有和市民主动融洽接触、交往的意识；要积极参与城市社区事务，在社区参与中表达自己的声音，畅通利益诉求渠道；更要注重积极主动地改变原有价值观念和社会行为方式，培养适应城市生活的能力。

---

① 周晓虹：《流动与城市体验对中国农民现代性的影响——北京"浙江村"与温州一个农村社区的考察》，《社会学研究》1998年第5期。
② 陆益龙：《户口还起作用吗——户籍制度与社会分层和流动》，《中国社会科学》2008年第1期。
③ 江立华：《论农民工在城市的生存与现代性》，《郑州大学学报》2004年第1期。

第五章　农民工市民化多重关系的互构逻辑

　　中国的现代化过程是一个从东部、中部、西部依次展开的梯级推进过程，西部在这个梯级的最后。按现代化的一般理论，在现代化过程中，随着城市化的逐步推进，农村地区逐步转变为城市地区，农村人口数量也会逐渐减少，农民在现代化的过程中会逐步转变为市民，实现市民化。但是，新中国成立后，中国城乡二元社会结构下户籍制度的限制，农民向市民的转变几乎不可能。改革开放以后，在广大农村地区，家庭联产承包责任制推行，解放了生产力，充分调动了农民的生产积极性，提高了农村生产的效率，城市也伴随工业化进程需要大量的劳动力，由此农村出现的剩余劳动力，开始向城镇集聚、向城市流动，以致后来逐渐形成了具有农村户籍身份的农民在城市从事非农工作的现象，即"农民工"的出现。由于严格的"城乡二元"户籍制度限制，这一群体无法在城市定居，他们"候鸟式"或"钟摆式"地在城乡之间流动，成为当今中国社会转型期特有的"农民工"现象。到2011年末，中国的城市化率已达到51.3%，已经超过50%，尽管标志着中国的社会结构发生了历史性变化[①]，但真实的城市化率只

[①] 刘荣：《试论西北城市农民工市民化问题——以兰州市为例》，《西北民族研究》2014年第1期。

有35%左右。大约有2.8亿城镇人口是持农业户籍的,这部分人大多数是长期在城镇居住的农民工及其部分家属。① 他们却没能享受到城市居民的待遇和权利。总体上看,这是国家制度安排的结果。

正是因为农民工是中国社会转型加速期出现的亦农亦工又非农非工的、处于农民和市民之间的群体,他们尽管在城市从事非农生产,但实际上是处于不享有各种市民权利的边缘人群。他们只有在与市民不断互动中才能感受城市生活方式,体验现代性。因此,农民工与市民的日常互动也是考察农民工市民化进程非常重要的一个视角。

从农民工个人来看,农民工自身素质的不断提升,主动适应城市生活过程,才能为彻底融入城市社会、成为市民奠定基础。

在当前推进新型城市化的过程中,人的城市化是核心、是关键。其中,大量农民工的市民化是必须解决的核心问题。在这一过程中,国家制度安排、农民工与市民之间的关系将极大地影响农民工市民化的成败。

我们从社会互构论的视角来考察农民工市民化过程中,国家、农民工、市民之间互构共变的逻辑关系,将有助于我们深刻认识新型城市化背景下西北城市的农民工市民化问题。

一 社会互构论的主要观点

社会互构论是关于个人与社会这两大社会行动主体间的互构共变关系的社会学理论,它从社会学基本理论和方法上对两大社会行动主体的关系进行分析和阐释,并着重对当代中国社会转型

---

① 李培林:《城市化与我国新成长阶段——我国城市发展战略研究》,《江苏社会科学》2012年第5期。

❖ 第五章 农民工市民化多重关系的互构逻辑 ❖

期的个人与社会的关系的现实经验事实进行研究和刻画。① 社会互构论的基本观点是,个人和社会分别表现了人类生活共同体相互关联的二重含义:个人是社会的终极单元,社会则是个人的存在方式;从共同体的构成而言它是众多的个人;从众多个人关系上看,它就是社会。人类生活共同体的发展就是个人与社会的互构关系的演变过程。② 根据社会互构论的基本观点,所谓互构即指社会关系主体之间的相互建构与形塑的关系,强调互构关系中,互构主体多元性、互构时空多维性,互构内容的二重性之具体同一,互构形式的同时、相应、协变,互构效应的不确定性特征,等等。③ 所谓共变是指社会关系主体在互构过程中的相应性变化状态,相应性是共变状态的基本特征。④ 社会互构论着眼于个人间、个人与群体间、群体间、个人与社会间、个人与国家间、社会与国家间等关系的分析,将对当代我国社会转型期的个人对社会的相互建构和形塑,作出具体的阐释。⑤

二 社会转型的现实与个体化社会的兴起

(一) 西北地域空间现实与城市化制度之变迁

众所周知,我国是一个东、西部发展不平衡的发展中农业大国,在我国 960 多万平方公里的陆地面积当中,西部地区的面积为 686.7 万平方公里,占全国总面积的 71.5%,行政区划包括陕西、甘肃、青海、宁夏回族自治区和新疆维吾尔自治区等 12 个省、市 (区)。有关统计数据显示,截至 2011 年年末,全国人口总数为

---

① 郑杭生:《中国特色社会学理论的探索——社会运行论、社会转型论、学科本土论、社会互构论》,中国人民大学出版社 2005 年版,第 751 页。
② 同上书,第 782 页。
③ 同上书,第 781 页。
④ 同上书,第 782 页。
⑤ 同上书,第 784 页。

134735万人，东部地区人口为51026.2万人，占全国人口总数的38.1%，西部地区人口是36221.7万人，占全国人口总数的27%。

历史上的西北地区是一个气候温暖润泽，植被茂盛，山川秀美的地区，很适宜人类的生存与发展，但经过几千年来的战争破坏和自然演化，加上"人类自身无节制地繁衍和非理性地开发活动"导致西北地区生态环境严重破坏。[①] 新中国成立后，在传统计划经济体制下，东、西部经济社会发展的差距几乎不存在。改革开放以后，邓小平提出"两个大局"的战略构想，在我国实行区域不均衡发展战略，优先发展东南沿海地区，使得东部及沿海地区在较短时间内得到了快速发展，人均收入也有大幅度上升，但是西部地区，由于自然条件限制和国家实行的优先发展东部地区的区域发展战略，人均收入和工农业产值均位居全国的后列。统计数据显示，截至2011年，全国总计国内（地区）生产总值为472881.6亿元，其中东部地区是271354.8亿元，占全国总数的52%，西部地区是100235.0亿元，占全国总数的19.2%。西部地区人均国内（地区）生产总值是27731元，远低于东部地区的53350元和全国平均水平35181元。东、西部地区城镇居民可支配收入分别是26406元和18159元，东、西部地区农村居民人均纯收入分别是9585元和5247元。[②] 从这些数据可以明显地看出来，不论是在国内生产总值还是农村居民人均纯收入抑或是城镇居民可支配收入等方面，西部地区远远落后于东部地区和全国平均水平。这在某种程度上也较为真实地反映了西部地区经济社会发展水平与发展实力确实逊于东部地区，西北地区经济社会发展的整体水平则更是落后于东部地区，东、西部社会经济发展的差距依

---

① 刘敏：《走向低代价开发：西北开发的历史反思与现实应对》，《社会学评论》2013年第2期。

② 数据来源：根据国家统计局发布的《按区域分的国民经济和社会发展主要指标（2011年）统计数据》整理计算所得。

第五章 农民工市民化多重关系的互构逻辑

然很大。

进入新世纪后,为了加快中、西部发展,缩小东、西部发展差距,统筹区域经济协调发展,我国政府提出了实施"西部大开发"战略。这是"关系国家经济社会发展大局,关系民族团结和边疆稳定的重大战略部署",因为"没有西部地区的小康,就没有全国的小康。没有西部地区的现代化,就不能说实现了全国的现代化"。其中"大力发展县域经济,加快城镇化进程,促进农村富余劳动力转移就业"①,是西部大开发的重点工作之一。西部大开发实施以来,"西部地区投资和经济加快增长,城乡面貌出现新气象"②,虽然西部地区经济社会发展取得了很大的进步,但是西部地区仍然面临着自我发展能力不足等诸多方面的困难。

2011年我国的城市化率为51.3%,城市人口首次过半,超过农村人口,标志着我国社会基本实现了由传统农业社会向城市社会的转型,被认为是我国社会结构变迁的历史性事件。一般来说,城市化是伴随现代化建设而生的,伴随着现代化建设步伐加快,我国城市化进程也在加速,但我国的城市化进程明显滞后于现代化的进程。2012年11月党的十八大提出积极稳妥推进新型城市化战略,提出统筹城乡一体化发展,打破"城乡二元"对立,消除城乡差距,以有序推进农业转移人口市民化成为新型城市化的根本目标。有学者指出"今后一段时间的城镇化,主要是解决53%的城市化率与35%非农户口比例之间的差别,这个差别背后就是农民工市民化的不够,也是均等化享受基本公共服务的差别"。③

---

① 新华网:《国务院关于进一步推进西部大开发的若干意见》,参见 http://news.xinhuanet.com/politics/2006-04/13/content_4418618.htm。
② 国务院扶贫办:《实施西部大开发的基本情况》,2006年4月13日。
③ 蔡昉:《中国经济改革应如何避免"中等收入陷阱"》,《上海证券报》2013年7月2日。

(二) 个体化社会中的农民工

当代社会的急剧转型和变迁，各类集体和社会组织的影响力也在不断衰落或转变，当代个人面对的是一种更为个性化的或"个体化的社会"。① 对于"个体化"及"个体化社会"的关注与讨论，是伴随对现代性的讨论而来的。譬如，德国著名社会学家乌尔里希·贝克的风险社会理论中就包含了"个体化主题"，贝克认为："个体化是一个非常重要的概念，暧昧不清甚至令人厌恶，但又确实是一个涉及某些重要内容的概念。它将被看作一种新的社会化模式的开端，一种个体和社会间关系的'变形'或者'范畴转型'。"② 埃利亚斯的"个体社会"认为："社会形塑了其成员的个体性；个体则通过他们交往编织成的相互依存之网中，采取合理、可行的策略，用他们的生活行动造就了社会；把社会成员铸造成个体，这是现代社会的特征。"③ 鲍曼则认为："我们所有的人——'天意决定我们就是现在的个体，是生活的政治家而不是国家组织的成员，但我们所有的人都参与生活游戏'。"④ 阎云翔则认为，当代社会理论中的个体化命题是随着西欧社会的变迁或是意识形态和制度背景有关而发展的⑤，中国虽然仍在现代化的进程中，但中国社会却展现出第二现代性时代的许多个体化特征，个体越来越要求自我的发展，个人幸福和安全感，表现出了中国

---

① 郑杭生主编：《社会学概论新修（第四版）》，中国人民大学出版社2013年版，第111页。
② ［德］乌尔里希·贝克：《风险社会》，何博闻译，译林出版社2003年版，第155页。
③ 鲍曼：《个体地结合起来》，参见［德］乌尔里希·贝克、伊丽莎白·贝克－格恩斯海姆：《个体化》，李荣山、范譞、张惠强译，北京大学出版社2011年版，第21页。
④ ［英］齐格蒙特·鲍曼：《序言：讲述生活和经历的故事》，范祥涛译，参见《个体化社会》，上海三联书店2002年版，第13页。
⑤ 阎云翔：《中国社会的个体化》，陆洋等译，上海译文出版社2012年版，第327页。

社会的个体化。①

从基本意义上说，个体化是个人及其自我的生成、转变和发展的过程，每一个人都经由各自独特的社会生活实践，成为一个独特而生动的个体。②在社会互构论看来，个人与社会的关系是社会学的基本问题。"个体化不仅内含了自然的生物个体向社会人的转变，而且意味着一个社会人向更新的现代人的持续迈进"③，所以，人的个体化和人的社会化是同一现代性过程的两个侧面、两个维度，它们体现了现代社会的持续递进和现代人不断成长的实践经历。④

以经典社会化理论来看，农民工市民化实际上就是农民工的再社会化过程。在这一过程中，农民工应该积极主动学习城市社会角色基本技能，内化城市社会价值标准，适应城市社会生活，这样才能尽快融入城市生活，扮演市民角色，进而具备现代人的生活方式，彻底实现从农民工向市民的转化。

三 农民工市民化过程中的国家与市场

尽管农民工市民化看上去好像只是通过农民工自身的努力就可以实现的一个过程，但是农民工市民化的实现是离不开国家的顶层制度设计和市场提供的巨大推力。

（一）农民工市民化过程中国家政策嵌入

从国家层面看，农民工市民化作为新世纪以来我国城市化进

---

① 阎云翔：《中国社会的个体化》，陆洋等译，上海译文出版社2012年版，第4页。
② 郑杭生主编：《社会学概论新修（第四版）》，中国人民大学出版社2013年版，第129页。
③ 同上书，第115页。
④ 同上书，第114页。

程中最为重要的问题之一。2006年《国务院关于解决农民工问题的若干意见》的出台，标志着我国初步形成了较为系统和完整的农民工政策体系。文件虽然没有明确指明农民工市民化这一关键词，但是从我国工业化、城市化、农业现代化和市民化不同步的这种现实，政府已经认识到了农民工已经成为影响我国现代化建设的重要因素。譬如说，该文件指出："农民工面临的问题仍然十分突出。主要是：工资偏低，被拖欠现象严重；劳动时间长，安全条件差；缺乏社会保障，职业病和工伤事故多；培训就业、子女上学、生活居住等方面也存在诸多困难，经济、政治、文化权益得不到有效保障。这些问题引发了不少社会矛盾和纠纷。解决好这些问题，直接关系到维护社会公平正义，保持社会和谐稳定。"[①] 从更深层次分析，实际上农民工之所以能成为问题存在，主要就是由于制度结构的制约，"城乡二元"户籍制度影响很大。而制度的改革实施，要有来自政府的力量推动。实际上，政府已经注意到户籍制度在农民工市民化进程中的负面效应了，并开始逐渐改革户籍制度，譬如，党的十八大报告中，胡锦涛明确提出，"加快改革户籍制度，有序推进农业转移人口市民化，努力实现城镇基本公共服务常住人口全覆盖。"这些都为国家制定相应的制度政策提供了基础和根据，也比较明确了在国家层面促进农民工向市民转化的可能性探索，为农民工获得市民身份和权利的政策意图已经显现。与此相关的其他制度改革也在探索，如土地流转制度、城乡居民的最低社会保障制度、社会养老保险制度、新型农村合作医疗的推进等等，这都为农民工融入城市社会，最终成为市民奠定了基础。

就地方政府来说，近些年来，许多地区都在探索农民工市民

---

① 国发〔2006〕5号文件《国务院关于解决农民工问题的若干意见》，2006年1月31日发布。

❖ 第五章 农民工市民化多重关系的互构逻辑 ❖

化的模式,譬如,广东省中山市的"积分制"管理;重庆出台了"统筹城乡户籍制度改革意见",据介绍,和以往不同的特点就是"不以'土地换户籍',而是以稳定就业、有稳定收入为前提"的户籍改革制度。2010年成都"宣布将彻底破除城乡居民身份差异,推进户籍、居住一元化管理,并在所有户籍居民中实现基本公共服务、社会保障和福利的平等"①。还有像郑州、石家庄、宁波等地都在"城乡二元"户籍制度破除方面进行了探索,积累了许多宝贵的实践经验,也暴露出了一些缺陷与不足。

据统计,LZ市拥有户籍人口320万,其中农业人口119万,非农人口为202万。还有近91万多的流动人口。2012年5月21日,LZ市发布消息"从今年5月1日起,在LZ市范围内取消农业和非农业户口性质划分,将城镇、农村居民户口统一登记为'居民户口'。"② 理论上,这将使LZ市119万农业人口享受到城乡一体的社会福利和社会保障。除此以外,还放宽了在LZ市落户限制的条件。③ 这一政策的放宽将有利于城市化进程的推进,对于在LZ市长期务工,没有房产的外来流动人口,达到相关规定的可申请落户,并享受到本市居民的所享受社会福利和社会保障。这些农民工能否达到LZ市政府的这一条件我们还不好说,但起码从

---

① 新华网,http://news.xinhuanet.com/politics/2011-01/07/c_12956290.htm。
② 人民网,http://politics.people.com.cn/n/2013/0521/c70731-21563492.html。
③ 具体来说,"在LZ市行政区划范围内有稳定的职业或生活来源满两年,拥有合法固定住所(所有权房屋),同时按照国家规定参加社会保险的人员,本人及其共同居住生活的配偶、未婚子女、父母,可以在当地申请登记常住户口。对在城关、七里河、西固、安宁投资在300万元以上,按时缴纳税费的经营、兴办实业的业主,本人及其共同居住生活的配偶、未婚子女、父母可以在经营场所所在地申请登记常住户口。在城市四区行政区划范围内连续务工满10年,在红古区及三县行政区划范围内连续务工满5年,并有合法固定住所(使用权房屋),同时按照国家规定参加社会保险的人员,本人可以在当地派出所申请登记常住户口。对LZ市引进和各类急需紧缺人才,本人及其共同居住生活的配偶、未婚子女,可以在当地申请登记常住户口"。参见LZ市委、市人民政府办公厅下发《LZ市推进户籍管理制度改革实施意见》2012年12月5日。LZ市公安局制定的《推进户籍管理制度改革实施细则(试行)》,2013年5月1日起开始实施。

政策上来说，已经有市民化的可能。

与户籍制度相对应的是，有关住房的相关政策，如限价房、经济适用房、廉租房等等，都也开始向农民工群体放开，允许他们购买或申请。我在调研时，有一位农民工这样说："我买的就是经济适用房，农民工可以买。（有没有户口限制？）没有户口限制。但你的收入必须满足这样的条件。假如一家4口人，每月人均工资（收入）超过1800元就不能购买。拿我来讲，4个人中，我有两个小孩，我们夫妻2人，每月低于4000元收入就可以买。公租房也把农民工群体纳入了，它的具体的政策就在前几天的报纸上有，你网上搜一下《LZ晨报》即可找到。原先的政策就不行，经济适用房一是拆迁户可买；二是要有准购证，一下子把你排除了。现在可以了。这是政府为了城镇化，让了一大步，我们也在向前跟进一步。要跟进一步。这是互相的，你迈一步，我跟一步，才能跟上。"① 但这可能是一部分农民工才能享受的政策，最核心的是农民工自己要有能力购买，或者说符合廉租房、经济适用房申请的条件。实际上更多的农民工劳动强度大、收入低，虽有心而力不足，也不能真正享受这一优惠政策。我后来也多方面寻找将农民工纳入当地经济适用房、廉租房和限价房等的有关政策，但是没能找见。但不论怎么讲，LZ市已经有将农民工纳入有关住房政策的实践。

在农民工子女义务教育方面有一定政策。从入学机会的权利保障方面看，甘肃省也制定了相关的政策，"将进城务工随迁子女就学纳入当地教育发展规划，纳入同级财政保障体系。"②

因此，农民工市民化是离不开国家制度的顶层设计的，国家

---

① 访谈资料：MCB-003，2013年8月26日。
② 《甘肃省人民政府办公厅关于印发〈甘肃省县域义务教育均衡发展督导评估实施办法（试行）〉的通知》。甘政办发〔2013〕102号，2013年6月9日。

❖ 第五章 农民工市民化多重关系的互构逻辑 ❖

应该在农民工市民化过程中,建立覆盖农民工的公共服务制度、社会保障制度、住房供应制度以及相应的财政制度支撑体系,从而推动农民工市民化的顺利实现。

(二) 农民工市民化过程中的市场机制影响

农民工市民化过程中,除了有个体的意愿、能力和国家制度的顶层设计以外,市场是一个不容忽视的重要领域。研究认为,中国改革开放后的劳动力市场以不同的标准存在多种分割方式。但其中最主要的是户籍分割和部门分割。户籍分割是指因为户籍制度存在,我国的劳动力市场自新中国成立以来就被分成了城市和农村劳动力市场,体制改革后至今户籍制度都没有消除,因此这种分割依然存在;部门分割主要是指城市劳动力市场中,国有经济部门和非国有经济部门形成的体制内劳动力市场和体制外劳动力市场。体制内组织在雇佣模式、福利保障等方面基本沿用传统体制的做法,变革有限;而体制外组织则完全按照市场化的模式运作。在部门分割中存在一种"双重二元分割",即在体制内和体制外劳动力市场中,又存在分别按照某种标准进行的次一级的分割。这突出了我国社会转型期间旧体制和市场共同发挥的独特双重作用。[①] 有研究认为:"我国城市劳动力市场是在'单位'变革的背景下形成的,在宏观上表现为体制外和体制内劳动力市场的二元分割。其中体制内劳动力市场和体制外劳动力市场有分别存在二元分割:体制内劳动力市场呈现出稳定的单位就业模式与市场化就业模式的分割;体制外劳动力市场又存在竞争性劳动力市场和非竞争性劳动力市场的分割。劳动力市场在二元分割的大框架下又各自存在着二元分割,因此存在'双重二元分割'的状

---

① 李强主编:《中国高校哲学社会科学发展报告 (1978—2008) ·社会学》,广西师范大学出版社 2008 年版,第 325 页。

态，这些分割共同塑造着我国劳动力市场中独特的就业模式和收入分配模式。"①

大城市中，劳动力的二元性质导致即使劳动力的总体流动水平很高，但由于制度性因素的制约，本地居民和外来人员在不同市场层级之间的流动频度、流动方式和流动效果也不一样。个人从属于什么样的市场层级主要由户籍的所在地和户籍的性质决定。外来劳动力的流动只在"非正规部门"内部才有增收效果，从"非正规部门"流向"正规部门"内部流动均没有显著的增收作用。② 城市劳动力市场存在正式与从属的劳动力市场分割。外来农业户籍劳动者的户籍身份依然是致使其缺乏社会保障权益保证的一个重要原因。绝大多数外来农业户籍劳动者没有被城市的社会保障体系覆盖，使其在城市劳动力市场上显示出显著的非正规就业的倾向。③

2004年初，在我国东南沿海出现了"民工荒"，其根本原因在于，户籍制度使农村劳动力不能在城市享受公平待遇，而且城管部门征收多种费用来加大农民工迁移成本。另外，农村的土地政策也加大了农民迁入城市的代价，因此在农村滞留了大量劳动力，而城市出现"民工荒"现象。④

我们这里主要考察农民工劳动力的就业市场。市场的性质是伴随我国的经济体制结构而来的。一般来说，现有的劳动力就业市场，有体制内和体制外市场之分。体制内市场主要是指在正规

---

① 武中哲：《双重二元分割：单位制变革中的城市劳动力市场》，《社会科学》2007年第4期。

② 严善平：《城市劳动力市场的人员流动及其决定机制》，《管理世界》2006年第8期。

③ 张霞：《城市劳动力市场二元分割与外来农业户籍劳动者社会保障权益缺失》，《中国社会科学院研究生院学报》2007年第2期。

④ 李猛、陆铭：《我国民工荒的根本原因是城乡劳动力市场的分割》，《世界经济情况》2005年第3期。

❖ 第五章 农民工市民化多重关系的互构逻辑 ❖

部门就业，往往有规范的管理体系和管理制度，并且工作条件好，就业相对稳定，经济权益有保障，有的甚至还可以享受自己的政治权利。体制外的就业市场，相比而言，管理制度、管理体系和权益等情况就参差不齐，有时候往往没有什么基本保障。

在和一位建筑工地的管理人员访谈时，他说："我这个工地来自四川的农民工较多，也有甘肃本地的。现在农民工大量集中在建筑行业，其他的行业也比较多，比如兰炼、兰化、铁路系统都有。目前的状况符合社会管理的趋势，企业是一个管理机构，而不是一个社会服务机构，（企业）需要的时候就开始招人，不需要的时候就辞退，农民工的流动性大。在这个工地上，（要让农民工）人员比较稳定，（就得）努力想办法，哪怕是工程结束后找一些没有利润的（工程），把这部分人（培养成型的）先养住，让他们能把工资挣出来就行了（我不挣钱），因此（这样）还是比较稳定的。"① 可以看出来，他为了能稳定自己手上的农民工，想办法为他们连续购买商业保险、在工地工程不够的情况下，找一些老板不挣钱的小活，支付农民工的工资。但这种情况能否长久下去，我和他交流时，他对自己的这些办法也没信心。他说："主要是培养一个顺手的、技工型的人员不容易。人家要是不愿意干了，说走就走了，也没法留住，目前的情况是能用一天就算一天。"②

然而，我们也看到了体制内市场机制的影响。目前在甘肃省的建筑行业中，有大量的农民工存在。这一群体内部也分好多的情况。有一些是临时工，有一部分是相对稳定的。譬如，在甘肃

---

① 访谈资料：WZG-001。2013年9月4日。这一位工地管理人员是我的中学同学。他原先在国企任职，国企后来改制，他自己出来单干了，带领一班人，从事水暖电、空调等工程。几年下来，自己也挣了些钱。手头有几个相对固定的工人，但大部分是临时招的人。

② 访谈资料：WZG-001。2013年9月4日。

省建投七建集团的农民工康仁当选为十二届全国人大代表。① 他说:"农民工、打工仔、进城务工人员等,称谓很多,社会各界也都认为这些称谓不准确,含有歧视性和侮辱性,不能很好地调动这部分社会群体的积极性。要让广大的农民工变为'新工人',首先要做的是消除对新工人的制度性歧视,要促进新工人向城市居民的彻底转变,就必须对以户籍制度为核心的影响城乡流动的一系列不合理的制度进行改革。必须从平等竞争的市场规则出发,打破二元劳动力市场的身份限制,创造一种公平的劳动力市场的竞争机制。另外,要改革社会保障制度,将新工人纳入社会保障的范围,建立和健全适应市场经济发展的社会保障机制。"② 康仁说出了体制内、外市场机制对农民工成长的制约与影响。进一步讲,体制内外市场机制对农民工是不公平的,这一不公平实际上也是"城乡二元"社会结构的用工机制方面的反映。因此打破"城乡二元"社会结构,构建合理的、城乡一体的市场用工体制,也是农民工市民化过程中的必经环节。

四 国家、市场和农民工互构共变的逻辑

"我们身处社会互构的时代"和"个体化社会"已然到来的时代。在社会互构论看来,在从旧式现代性向新型现代性转向过

---

① 康仁,十二届全国人大代表。19岁时离开家乡外出打工。在甘肃建投七建从一个最基层的普工到抹灰班班长,再到劳务领包队长,一干就是30年。1990年10月光荣地加入了中国共产党。他曾先后荣获全国建设系统劳动模范、甘肃省劳动模范,并多次荣获甘肃建投"劳动模范"、七建集团"先进个人"、"七建标兵"、"优秀共产党员"等荣誉称号。而他所带领的抹灰班、劳务队荣获"全国工人先锋号"、甘肃省"五一劳动奖状"荣誉称号。参见 http://www.gsjtw.cc/Videoworld/cwgz/20130225/215930.html。本来,我准备专门访谈康仁有关农民工市民化问题的看法,但是由于种种原因未能联系到他,只好作罢。

② 参见《甘肃法制报》,2013年3月8日。http: //gsfzb.gansudaily.com.cn/system/2013/03/08/013742846.shtml。

❖ 第五章 农民工市民化多重关系的互构逻辑 ❖

程中，人的社会化理论应对应新型现代性的实践，"我们时代的社会化应当以个人的能动性为基点，充分发挥人的自主性，培育人的良好素质，激励人对于崇高价值的追求，使人具有不断创新的能力，从而营造出人的全面发展的社会环境"①。

西北地域空间的历史演化和西部地区加速发展过程中的制度变迁经历了这样一个过程，即从全国支持东部先发展起来，优先发展东南沿海地区；东部地区发展起来后再帮助西部地区发展，从而实现全国的整体发展，这实际上是国家经济社会发展战略的转型。按照实践结构论②的观点看，这一转型是在"社会实践结构性巨变"下发生的，而导致"社会实践结构性巨变"的力量则是根源于"现代性的全球化长波进程和本土社会转型的特殊脉动"这两种力量的相互扭合。③

新世纪以来，在全球化进程加速的时代，为了自身社会发展和提升综合国力，我国实施西部大开发战略，提出建设和谐社会和以科学发展观为指导，促进区域协调发展，统筹城乡一体化发展，积极稳妥推进新型城镇化建设，有序推进农业转移人口市民化，我们切实感受到了"现代性是不断成长的"④。

从社会互构论的观点看，这实际上体现了从"旧式现代性"向"新型现代性"转变的过程。"所谓旧式现代性，就是那种以

---

① 郑杭生、杨敏：《社会互构论：世界眼光下的中国特色社会学理论的新探索——当代中国"个人与社会关系研究"》，中国人民大学出版社2010年版，第362页。
② 实践结构论是社会运行学派的一个重要理论观点或理论视角，主要是指社会实践的结构性变化有两个维度，即现代性全球化的长波进程以及本土社会转型的特殊脉动。在当今世界的每一项重大变化之中，都包含着这两个维度也即这两个方面的共同作用。参见郑杭生《中国社会研究与中国社会学派——以社会运行学派为例》，《社会学评论》2013年第1期。
③ 郑杭生、杨敏：《社会实践结构性巨变的若干新趋势——一种社会学分析的新视角》，参见郑杭生《中国特色社会学理论的深化（上卷）——"实践结构论"的提出与"理论自觉"的轨迹》，中国人民大学出版社2010年版，第165页。
④ 郑杭生：《现代性过程中的传统与现代》，《学术研究》2007年第11期。

征服自然、控制资源为中心，社会与自然不协调、社会与个人不协调，社会和自然付出双重代价的现代性。"① "回顾西部开发的历史，是在缺乏长远目标和科学理论的指导下盲目进行的，某些方面的成就掩盖了开发者在自觉功利行为下不自觉地造成开发过度和生态环境破坏的极高代价。"② 因此，以前简单的粗放型发展不关注自然与人的和谐，付出了巨大的社会代价，这是一种在"旧式现代性"理念观照下的社会发展，具有不可持续性和对自然的严重破坏。

推进新型城镇化建设，强调要坚持以人为本，核心是"人的城镇化"，"人的城镇化是尊重人的主体地位城镇化"③，关键是人的生活方式和生产方式向更加现代性的转变。新型城镇化的核心理念，强调以人为本和人的主体地位。社会互构论认为，这与"新型现代性"的理念相一致。"所谓新型现代性，是指那种以人为本，人和自然双赢、人和社会双赢，两者关系协调和谐，并把自然代价和社会代价减少到最低限度的现代性。"④ 注重对实践指导的科学发展和注重学术提炼和感悟的新型现代性本质上是一致的，"科学发展是一种与新型现代性相联系的发展"。⑤ 这既是"社会学理论由现代化本土视野向全球化现代性视野的转变"⑥，更是从旧式现代性向新型现代性的转变，也正是"从社会转型加速期取得的巨大社会进步和付出的种种社会代价中，让我们亲身

---

① 郑杭生：《减缩代价与增促进步——社会学及其深层理念》，北京师范大学出版社2007年版，第357页。
② 刘敏：《走向低代价开发：西北开发的历史反思与现实应对》，《社会学评论》2013年第2期。
③ 李强：《主动城镇化与被动城镇化》，《西北师大学报（社科版）》2013年第6期。
④ 郑杭生：《减缩代价与增促进步——社会学及其深层理念》，北京师范大学出版社2007年版，第357页。
⑤ 郑杭生：《中国特色社会学理论的深化（上卷）——"实践结构论"的提出与"理论自觉"的轨迹》，中国人民大学出版社2010年版，第128页。
⑥ 郑杭生：《现代性过程中的传统与现代》，《学术研究》2007年第11期。

❖ 第五章 农民工市民化多重关系的互构逻辑 ❖

体会到了新型现代性的深刻意涵"。①

社会互构论是关于个人与社会的关系问题研究的社会学理论。它阐述了这样的内容，即"现代性过程赋予了个人与社会关系的'问题性'意义，个人与社会的关系问题成为现代社会一切问题的根源"。② 我们从社会互构论的视角进行理论分析认为，之所以在当代中国社会转型期有农民工的出现，在现代化过程中能有"农民工问题"，在城市化进程中能有"农民工市民化问题"，归根到底就是个人与社会的关系问题。

社会互构论强调互构关系中互构主体多元性、互构时空多维性，互构内容二重性之具体同一，互构形式的同时、相应、协变，互构效应的不确定性特征，等等。我们将尝试着从互构主体、互构时空和互构效应等方面来探讨农民工市民化过程中的各种关系的互构共变的关系。

（一）农民工市民化过程的互构主体

农民工市民化的互构主体的关系，主要包括国家、市场和农民工与市民等互构主体的互构共变的关系。

1. 国家与农民工之间的互构共变

我们先来分析国家与农民工的互构共变关系。社会互构论认为，从"社会学路向"分析关于社会—国家关系，表现了自现代以来，人类生存共同体的两个侧面——社会与国家——的高度结合，或者说社会运行的"国家化"与国家管理的"社会化"和"公共化"趋势，从特定的角度揭示了社会与国家之间的关系：国家是社会的国家，它为社会行使权力，是社会权益

---

① 郑杭生、杨敏：《社会互构论：世界眼光下的中国特色社会学理论的新探索——当代中国"个人与社会关系研究"》，中国人民大学出版社 2010 年版，第 176 页。

② 郑杭生：《中国特色社会学理论的探索——社会运行论、社会转型论、学科本土论、社会互构论》，中国人民大学出版社 2005 年版，第 752 页。

的代理人。①

　　按照社会互构论的观点，个人是社会的终极单元，社会是由众多个人之间的关系结成的整体。农民工就是社会转型过程中出现的一个特殊群体。改革开放以后，随着现代化建设的推进，家庭联产承包责任制推行，农村剩余劳动力开始逐步向城市流动、转移，城乡之间的社会流动开始松动。20世纪90年代出现"民工潮"现象，大量的农民工在城市从事非农工作。从社会结构视角看，中国城市农民工已构成一个相对独立的社会结构单元与社会管理单位。② 改革开放二十多年来，农民工长期生存于城乡之间，形成了以边缘人为组成要素的第三元结构。③ 随着近十几年的城市化过程，我国"城乡二元结构已远远超出了简单对应关系，流动人口改变了城乡人口格局，也重新规划了城乡社会利益格局"，出现了一种"不城不乡、非此非彼或亦此亦彼的边缘带"④，由于"城市外来人群的高速流动和迁移，使得这一格局的具体构成有很多不确定性"⑤，"形成了具有三元化特征的社会结构，或者说三元化特征的社会利益格局"⑥。这是从社会结构视角分析当前中国社会中农民工存在的事实。实际上，农民工群体内部的分层与不断分化，农民工之间异质性增强，个体差异也越来越大。

---

　　① 郑杭生、杨敏：《社会互构论：世界眼光下的中国特色社会学理论的新探索——当代中国"个人与社会关系研究"》，中国人民大学出版社2010年版，第448页。
　　② 甘满堂：《城市农民工与转型期中国社会的三元结构》，《福州大学学报》（哲社版）2001年第4期。
　　③ 郑杭生：《农民市民化：当代中国社会学的重要研究主题》，《甘肃社会科学》2005年第4期。
　　④ 杨敏：《三元化利益格局下"身份—权利—待遇"体系的重建——走向包容、公平、共享的新型城市化》，《社会学评论》2013年第1期。
　　⑤ 杨敏、王娟娟：《社会学理论视野中的中国城乡社会变迁——关于〈三元化利益格局下"身份—权利—待遇"体系的重建〉一文的访谈和思考》，《学习与实践》2013年第4期。
　　⑥ 杨敏：《三元化利益格局下"身份—权利—待遇"体系的重建——走向包容、公平、共享的新型城市化》，《社会学评论》2013年第1期。

❖ 第五章 农民工市民化多重关系的互构逻辑 ❖

用社会互构论的理论观点看,我们可以认为农民工作为个体存在,也是构成社会的终极单元之一。

因此,农民工市民化过程中,国家和农民工的互构共变关系就是个人与社会的互构共变关系,互构主体之一就是国家和农民工。[①]那么,国家是如何与农民工互构的?在社会互构论看来,"社会与国家总是存在于一个特定相互关系结构之中,任何具体的社会和国家都是其互构过程的产物,国家自身的制度状态对社会具有深刻的形塑力量。"[②]我们认为,在国家和农民工的互构共变关系中,国家通过它的制度实施来体现对农民工的形塑。譬如,国家实行改革开放,推行家庭联产承包责任制,调动农民的生产积极性,农村开始出现了剩余劳动力,刚开始是"离土不离乡",随着逐渐改革小城镇户籍制度,实现了农民工的部分转移,"城乡二元"社会结构体制有所改变,但没有完全打破这种二元结构。新世纪以来,城市化进程加快,针对农民工出现的新情况新问题,提出促进区域协调发展,统筹城乡一体化,积极稳妥推进新型城镇化,进一步改革户籍制度,有序推进农业转移人口市民化。从国家政策的转型看,对农民工来说,有许多关于农民工的相应政策措施。这是国家政策对农民工的形塑。反过来说,农民工在社会转型过程中不断地调整自己的需求。从刚开始的外出打工赚钱,到后来的向城镇定居,有能力的向大城市移民。这一过程也不断迫使国家在调整相应的政策措施。所以说农民工的外出打工的成长历程,也在形塑着国家,当然这个形塑过程是通过国家不断调整政策实现的。

可以看出,国家和农民工的互构关系就是这两个社会关系主

[①] 按照社会互构论的观点,互构主体是多元的,我们认为,在农民工市民化过程中,国家与农民工、农民工与市民、本地农民工与外地农民工等等都构成了互构主体。

[②] 郑杭生、杨敏:《社会互构论:世界眼光下的中国特色社会学理论的新探索——当代中国"个人与社会关系研究"》,中国人民大学出版社2010年版,第449页。

体之间的相互建构与形塑，国家形塑着农民工，农民工也形塑着国家。而国家和农民工的共变，就是国家和农民工这两个社会关系主体在相互形塑的过程中不断发生变化。这种变化形式有正向谐变，也有逆向冲突。譬如，在社会保障方面，国家看到有些农民工在年龄逐渐增大后，不能从事体力劳动和农业生产时，如果没有社会保障制度，对这部分农民工来讲是不公平的。很可能还会在将来造成不稳定的隐患，所以国家推行新型农村社会养老保险制度并全覆盖，尽管金额不大，但总让农民工去除部分后顾之忧。这是国家和农民工主体社会关系的正向谐变形式。我们在访谈中也证实了这一点。"（现在）农民工买的主要是工伤保险，国家目前鼓励新农合，所以工人（指农民工）一般自己都有（新农合），工伤保险每人每年是300多块钱；我还为工地上的骨干，购买了商业保险，一份商业保险一年差不多要5000多块钱，主要是为了能留住他们。"①

国家和农民工这一互构主体在共变关系中逆向冲突形式也是明显存在的。譬如，我们经常讲的户籍制度限制。我们在调查时，问："阻碍您成为城市人的政策性因素是什么？希望得到政府怎样的帮助？"他说："一方面是户籍；一方面是农村的土地制度，城市人没有地，但是农村人好像都有自己的土地。希望政府能够帮助改善生活条件，要有城市户口，能够提供适当的住房（廉租房或者是保障性住房），还应该提供职业技能的培训。（我）还是农民，因为户籍问题，（我的）户口还是农村的，只要还是农村户口就不是一个完整的城市人。"②

外出打工的农民工，由于户籍身份是农业户口，从事的又是非农工作，尤其新生代农民工，他们基本没有务农经验，也没有

---

① 访谈资料：WXD - 001。2013年9月4日中午。
② 访谈资料：WG - 011。2013年9月7日上午。

❖ 第五章 农民工市民化多重关系的互构逻辑 ❖

打算今后返乡当农民,从事农耕生产,而且他们的生活方式与日常打扮,基本就是城市市民的样子。但是农村户籍的限制,使得他们一直就是农民工,身在城市,为城市的建设作出了巨大贡献,但却不能享受和城市市民一样的权利和福利,不公平之事时常发生。从户籍制度上看,这是国家和农民工主体社会关系的逆向冲突形式。

2. 个体化社会的农民工与市民的互构共变

从社会互构论的视角看,农民工市民化过程也是个人与社会的相互建构和形塑过程,在此过程中,国家和农民工是互构主体之一,他们之间互构共变的关系我们前文已有述及。我们认为,农民工作为个体是社会的终极单元,除此以外,在城市社会中,作为个体的市民也是社会的终极单元。当然,市民与城市社会之间也是存在互构共变关系的,但我们更加关注农民工和市民这两个社会的终极单元的关系,作为互构主体,他们是如何互构共变的。因为,农民工市民化的最终目标就是要将农民工转变成市民,农民工要怎么做才能转变为市民,市民要怎么样做才能帮助农民工适应城市生活,融入城市社会,这就需要农民工和市民之间加强互动了。那么,农民工和市民之间又是如何互构的?

社会互构论认为,随着"个体化社会"的来临,"个人不断从传统性的各种关系中'溢出',成为个性多样和自主选择的行动主体,人与人之间的利益多元取向和行动的多样方式,促使个人间出现了新的差异。个人不仅遵循传统上的习俗惯例,也学会了遵循人为设计出来的规则和制度,履行新的职责和社会权利与义务规范。"[①] 作为同是城市社会的终极单元的农民工和市民,他们是不可能互不影响的。

---

① 郑杭生、杨敏:《社会互构论:世界眼光下的中国特色社会学理论的新探索——当代中国"个人与社会关系研究"》,中国人民大学出版社2010年版,第414页。

❖ 西北城市农民工市民化研究 ❖

在市民看来，城市社会对应着文明和洋气，农村代表着落后和土气。在农民工向城市流动和迁移过程中，农民工会把农村的土气与各种和城市社会不相适应的习俗惯例带到城市。尽管农民工在城市通过出卖自己的体力谋生，获取正当的收益，但是大部分市民对农民工仍然是有排斥和歧视的，从心理上和行动上都会有排斥，有时甚至是故意的。我们在调查时问："您平时在办事的过程中，是否遇到过一些办事人员对农民工和对城市人的态度不一样？"她说："有，很多。我见到过好多次，比如说在医院挂号，看到你穿着打扮不好，他都不愿意告诉你，理都不想理你，或者你没听清楚再问一遍，他都训你。在学校里，老师都刻薄得很，他们平时教育孩子，都说农民工的孩子怎么怎么的，本来这些人可能出来都觉得低人一等的，再加上老师在耳边经常说。其实这个社会中，歧视农民工的现象处处都在，很普遍的就说坐公交车，同样都是掏一块钱，但农民工身上脏一点，旁边的人都不愿意往身边坐。"①

这一个案表明，在城市一些办事机构的工作人员，对农民工有明显的歧视。但是我们在调查中也发现有一些市民对农民工的看法是比较客观的。"农民工刚到城市，在公共场合高声大嗓说话，随地吐痰，乱扔垃圾的行为确实不好，但是我觉得作为城市的一员，我看到这些情况时，我会提醒或劝阻的，我觉得他们在城市生活的时间一长，就会逐渐改变这种不好的行为的。"②

因此，从社会互构论的观点看，我们认为，部分市民是通过他的刻板印象和一些具体的行为和举止形塑着农民工；也有一些市民并没有把农民工看作是社会地位低等的人，认识到农民工的优点，用一种客观的态度来应对农民工进城并形塑他们。

---

① 访谈资料：ZNS-003。2013年9月16日中午。
② 访谈资料：LLS-001。2013年9月15日中午。

❖ 第五章 农民工市民化多重关系的互构逻辑 ❖

从农民工来说,大部分农民工在城市生活过程中认为自己的社会地位低。由于自己受教育水平低,只能干体力活,不可能有大的发展,总有一种自卑感。因此也懒于和市民对话、打交道。但仍然有许多农民工还是积极主动地适应城市生活,尽可能与市民交往互动。譬如,这样一位农民工说:"我跟人打交道不怕。三六九等的人我都见过。你是人我就说人话,你是鬼我就说鬼话,人鬼不是我就说胡话,哈哈哈,反正我能跟你打交道。"①

同样,农民工通过他自身的一些方式形塑市民,有一些农民工自卑感强,认为自己的社会地位低于市民,和市民交往不在一个层次;有农民工积极主动地通过自己的行动形塑市民。

从农民工与市民的互构共变关系看,由于各自生活的场景和环境不同,农民工和市民分别以自身生活的"场域"建构和形塑对方,农民工形塑着市民,市民也形塑着农民工。农民工与市民的共变关系也表现出了一种正向谐变和逆向冲突的形式。具体来说,就是"你看得起我,我就看得起你,你对我不好,我也不会对你好到哪里去的"。实际上就是一个互相尊重和礼貌的主体关系。

3. 市场与农民工的互构共变

当前我国社会转型时期,劳动力是一种重要的劳动资源。一方面,从政府层面来说,应该制定城乡一体的就业政策,建立城乡一体的劳动力就业市场,使流入当地的农民工最大限度地实现充分就业;另一方面,从农民工个人来说,要提升自己的劳动技能,增强自主就业能力,积极主动地参与市场化就业。在西北城市新型城市化推进过程中,加快经济社会发展,广开就业门路,增加就业岗位是农民工实现就业,提升自身能力的关键环节。LZ市实际上在劳动力市场方面具有一定的优势。譬如,国务院批准

---

① 访谈资料:MCB-005。2013年8月26日中午。

的 LZ 新区成为国家级新区。LZ 新区的建设将会给西北城市的经济社会发展带来新的发展机遇。LZ 新区计划通过 5—10 年的努力，打造成为战略性新兴产业、高新技术产业和循环经济的集聚区，国家经济转型和承接东中部装备制造业转移的先导区，传统优势产业和现代化服务业的扩展区，向西开放的战略平台，目前已经有包括中石油国家战略石油储备库、吉利汽车、三一重工在内的多家国内外大型企业落户新区①，有广大的发展前景。目前 LZ 新区实际就是一个巨大的劳动力需求市场，各种基础设施建设需要更多的劳动力，同时也会因为当地旧建筑改扩建，会使一批农民和农民工转型成为新区市民，实现市民化。

按照社会互构论的观点看，市场和个人也是社会的主体，市场的发展离不开个人，农民工个人的市民化也要有平等劳动力就业市场的完善，更要有国家层面城乡一体劳动力就业政策或就业制度的顶层设计与实施。在西北城市农民工市民化的过程中，就是国家、市场、农民工个体和市民之间的这种不断互构，相互的形塑过程。

（二）农民工市民化的互构时空

从社会互构论的视角看，农民工市民化的过程就是国家、农民工和市民等社会行动主体关系之间的互构共变过程。但农民工市民化的互构共变不是凭空产生的，它是在一定的时空背景下的互构共变，这种特定的时间背景应当就是当代中国社会转型的巨大现实，而农民工市民化的空间背景则应该是中国现代化建设的本土社会空间。

从互构时间审视，当代中国社会进入了转型加速时期。社会互构论认为，在这一转型加速期，"不仅经历着从前现代性到现代

---

① 参见 http://www.gs.xinhuanet.com/xinqu/2012-05/15/c_111952462.htm。

第五章 农民工市民化多重关系的互构逻辑

性的转变,而且经历着从旧式现代性到新型现代性的转变,当代世界社会也处在总体性的转型时期。"① 农民工市民化是人的现代化的重要构成部分。人的现代化首先是人与社会的协调发展,表现为人对现代社会的适应性,而不是对立性或冲突性,这是人的现代化的前提;同时,表现为人对现实社会的能动性,即人的现代化对社会现代化的推进与促进,而不是对现代社会的依赖性。②

具体来说,农民工是在中国"社会实践结构性巨变"③的现实下出现的亦工亦农又非工非农、亦城亦乡又非城非乡的,处于"城乡二元"之边缘的特殊社会群体。由于"城乡二元"经济社会体制的限制,他们虽在城市工作生活,但还不能和城市居民一样享受城市的权利和福利。他们数量庞大且随着自身交往方式和生活方式的变化,农民工群体内部也在不断分化和分层,异质性也不断增强。农民工未来出路如何?农民工是融入城市社会还是返乡,农民工内部发生的这些变化,对我国现代化建设的顺利进行提出了挑战。2011年底,我国的城市人口比重首次超过农村人口,城市人口占总人口的比重达到51.3%,城市化率超过50%,我国社会结构发生了历史性变化。按现代化的一般理论,标志着我国已开始进入城市社会。但这是一种"虚城市化"或者是"半城市化",在6.9亿城市人口中还有近2.8亿持农业户口的、长期居住在城市(城镇)的农民工及其家属。④

在积极稳妥推进新型城市化的过程中,实现农民工市民化,

---

① 郑杭生:《中国特色社会学理论的深化(上卷)——"实践结构论"的提出与"理论自觉"的轨迹》,中国人民大学出版社2010年版,第100页。
② 郑永廷等:《人的现代化理论与实践》,人民出版社2006年版,第69页。
③ 郑杭生、杨敏:《社会实践结构性巨变的若干新趋势——一种社会学分析的新视角》,参见郑杭生《中国特色社会学理论的深化(上卷)——"实践结构论"的提出与"理论自觉"的轨迹》,中国人民大学出版社2010年版,第165页。
④ 李培林:《城市化与我国新成长阶段——我国城市发展战略研究》,《江苏社会科学》2012年第5期。

也将是社会转型时期我们必须应对的重大问题。当然，农民工市民化的问题也不可避免地是在"全球化时代的长波进程与本土社会转型的特殊脉动两种力量的相互扭合下"① 凸显的、最为现实的问题。

因此，在农民工市民化过程中，在国家、农民工和市民等社会行动主体互构共变关系中，不能不考虑现代世界全球化的进程和我国社会急剧转型的过程，尤其也要考虑西北地区的城市化水平向高质量城市化转型的战略机遇期，提升城市发展实力，为农民工实现市民化夯实基础。

从互构的地域空间考察，对农民工市民化研究所关注的空间，就是城市化进程中东西部社会发展差距大，经济发展不平衡和城市化水平低下与城市化质量不高的西北城市社会。但从空间上来说，西北城市社会的地域空间是相对于东部城市社会的地域空间而言的，在某种程度上来说，作为社会行动主体的东、西部城市社会以及西北大中城市与小城市（小城镇）之间也存在"互构共变"关系和相互影响。

譬如，在改革开放后相当长的一段时间中，我国社会发展战略是在邓小平同志倡导下的"两个大局"战略和协调发展观。即东部沿海地区"拥有与东亚以及国外相似的有竞争力的经济优势"② 将在国家优先发展政策主张下，应该优先发展，西部地区先缓一步，待东部地区发展起来后，将会反过来帮助西部地区的经济社会发展。这一战略政策理论的特点就是"允许一部分地区、一部分人先富起来，打破旧的均衡，然后起带头作用，实现共同

---

① 郑杭生、杨敏：《社会实践结构性巨变的若干新趋势——一种社会学分析的新视角》，参见郑杭生《中国特色社会学理论的深化（上卷）——"实践结构论"的提出与"理论自觉"的轨迹》，中国人民大学出版社2010年版，第165页。

② Goodman、David S：《西部大开发的战略：国家，省级以及地方的观点》，《中国季刊》2004年第178期。

第五章 农民工市民化多重关系的互构逻辑

富裕,达到新的均衡"①。但是东部地区经过近20年的优先发展后,经济和社会发展实力大大加强,而西部地区的"角色仅仅是为国家其他地区生产初级产品"②。虽然也在发展,却更多地表现出发展后劲不强,经济社会发展实力增加不明显的状态。与此同时,在地区之间、行业之间,人均收入等方面出现了差距逐渐扩大的趋势。世纪之交,为了缩小地区发展的差距和不平衡,我国提出"西部大开发"战略,这一政策"政府明确表示用于内陆地区发展社会经济,以缩小与沿海发达地区的差距"③。这说明西部大开发政策不仅意味着将资源运往中西部地区,也表明政府对经济发展更高程度的介入。④

农民工市民化,说到底就是人的城市化。但农民工市民化不仅仅是将这一群体的农业户籍身份人为(主动或被动的)改变为城市户籍,将从农村人口转变为城市人口,更重要的是农民工这一群体在城市的生活方式、人际交往和各种城市规范的适应,以及市民身份的社会认同和市民权利和义务的实现。因此,从社会互构论的视角分析,我们可以认为,西北城市农民工市民化,就是在这样一个当前中国社会转型加速时期和西北城市社会发展水平低下,城市化质量不高的地域空间中进行和展开的,这样一个特定的社会发展时空,实际上就是农民工市民化的互构时空。

按照社会互构论的理论观点,我们也可以把这个互构时空称为农民工市民化的"社会互构域"⑤。而这个"互构域"使得我们

---

① 刘敏:《社会发展论》,中国社会科学出版社2012年版,第47页。
② Goodman、David S:《西部大开发的战略:国家,省级以及地方的观点》,《中国季刊》2004年第178期。
③ 海格·霍彼得:《西部大开发的兴起,思想形成,中央决策和地方所起的作用》,王超译,《中国季刊》2004年第178期。
④ Goodman、David S:《西部大开发的战略:国家,省级以及地方的观点》,《中国季刊》2004年第178期。
⑤ 郑杭生、杨敏:《社会互构论:世界眼光下的中国特色社会学理论的新探索——当代中国"个人与社会关系研究"》,中国人民大学出版社2010年版,第485页。

更加关注于社会转型过程中许多现实问题的本土个性和时空特点,强调我们的分析和解释的具体性和经验性。① 这一时空"互构域"也强调,"在社会行动主体交互建构的过程中,时空具有多样性和具体性。以这种互构时空的多样性和具体性为立足点,对当代中国社会转型的经验现实进行某种分析和解释,将有助于我们进一步形成具有实际意义的政策性思路。"② 具体而言,农民工市民化进程,既受到世界全球化时代多样性的影响,也与中国本土社会东、西部城市化水平的不同,城市化质量的区别,东、西部区域发展不平衡的差距,东、西部地区人文环境资源,东、西部农民工个体的自身素质差异,人际交往,东、西部流动等等密切相关。无论是从"世界眼光"还是"本土特质"看,这些都呈现了农民工市民化过程互构时空的多维性。

(三)农民工市民化的不确定性互构效应

一般认为,农民工群体由于职业身份和户籍身份等方面的制约,他们虽然在城市工作和生活,为城市的发展和建设作出了巨大的贡献,但却不能享有和城市市民一样的权利与福利待遇,他们的流动性大,流动范围广,经常处于城乡的边缘。就农民工个人来说,他们对其未来的发展未知可否,具有相当的不确定性特点。随着现代化建设的加快,我国新型城市化进程的推进,为了缩小城乡差距,统筹城乡一体化发展,国家在顶层制度设计层面提出了"加快改革户籍制度,有序推进农业转移人口市民化"。同时,各地方结合实际,也在进行一系列的户籍制度改革、小城镇

---

① 郑杭生、杨敏:《社会实践结构性巨变的若干新趋势——一种社会学分析的新视角》,参见郑杭生《中国特色社会学理论的深化(上卷)——"实践结构论"的提出与"理论自觉"的轨迹》,中国人民大学出版社2010年版,第485页。

② 郑杭生、杨敏:《社会互构论:世界眼光下的中国特色社会学理论的新探索——当代中国"个人与社会关系研究"》,中国人民大学出版社2010年版,第487页。

第五章 农民工市民化多重关系的互构逻辑

试点、建设新区之类的政府层面推进的工作。这些系列工作及制度设计等都是在从宏观和中观层面探索农民（包括农民工）的出路问题，即农民工市民化的问题。农民工市民化的最终结果应该是农民工的职业身份非农、社会阶层身份市民、户籍身份居民，与现代城市社会相适应的现代性的新型市民出现。农民的终结不是消灭农村和农民，而是小农和小农意识的终结①，要实现农业的现代化。这样才能真正实现我国的社会现代化。

自古以来我国就是一个以农业为主的大国。虽然改革开放以来城市化步伐很快，但农业人口不仅数量巨大，而且人口结构不合理。在广大的农村地区，由于生产力水平不高，经济基础薄弱，教育普及层次低，人口素质包括思想素质和科学文化素质，无论与城市居民相比还是离现代化要求，都存在着明显差距。② 再者，我国地域广大，东西部地区经济与社会发展不平衡，广大的西部地区和一些贫困的内陆地区，人的发展缺乏物质、文化条件，也缺少现代化的环境与压力。③ 如果不能尽快或者在不远的将来实现农民工市民化，那么，将会影响我国整体的现代化建设进程。

前文述及，农民工市民化就是在国家、农民工（农民）和市民等各种社会行动主体互构共变过程中，农民工逐渐适应城市社会生活，培养城市生活方式的过程。由于农民工自身的意愿、能动性和个体素质差异的影响，有的农民工愿意且有能力实现市民化，有的农民工有能力但对市民化还处在观望过程中，还有的农民工不愿意也没能力实现市民化。从社会互构论的视角分析，农民工市民化的互构效应是不确定的。我们可以从以下方面分析农民工市民化的互构效应。

---

① ［法］孟德拉斯：《农民的终结》，李培林译，社会科学文献出版社2010年版。
② 郑永廷等：《人的现代化理论与实践》，人民出版社2006年版，第228页。
③ 同上。

❖ 西北城市农民工市民化研究 ❖

1. 一种可能的互构效应——农民工市民化顺利实现

在改革开放早期,农民工外出务工基本是"离土不离乡、进厂不进城"的,随后是向小城镇流动、转移。农民工进入城市,部分以各自特殊的方式,譬如"浙江村"、"河南村"等方式进入城市,体验着现代性。① 也有的是从一开始外出打工就没打算再回到农村务农。这部分群体的主体主要是新生代农民工,他们相比第一代农民工而言,代际差异明显。他们大多数文化程度较高,外出打工是为了实现自己的梦想,而不是为了挣钱贴补家用。有些则通过多年的历练后,直接在城市创业,定居在城市,一定程度上实现了他们成为城市人的梦想。这一群体的穿着打扮、生活方式、对未来的预期均表现出了和城市居民较为一致的特点,只不过他们是农业户口身份。这部分人也逐渐成为农民工群体的主力。他们有市民化的能力和意愿。

但是只有市民化的能力和意愿还不够,还要有国家制度层面的顶层设计来推进。我们国家的城市化战略是在国家的推动下执行的。在国家新型城市化的推进过程中,尽管强调人的城市化是核心、是关键,但难以避免的可能也存在"圈地"和"造城"为特点的土地城市化。在这一过程中,由于国家政策推动,农民可能失去土地直接成为市民,看似实现了农民的市民化,但却不是真正意义上的市民化。

我们认为,农民工市民化是农民工个体内在的从旧式现代性到新型现代性的转型过程的完成,仅从表面上将他们划归城市,但他们的生活方式仍然和市民有巨大差异与区别,这不是完全意义上的市民化。农民工市民化最终是农民工在户籍身份上向城市居民的转型,职业身份从事非农生产,更重要的是市民性的形成。

---

① 周晓虹:《流动与城市体验对中国农民现代性的影响——北京"浙江村"与温州一个农村社区的考察》,《社会学研究》1998年第5期。

❖ 第五章 农民工市民化多重关系的互构逻辑 ❖

然而，市民性的形成是一个渐进的过程。首先是农民自身的特质本性，譬如，要逐渐剔除浓厚的小农意识和不适应现代社会生活的旧的生活方式等，进而是农民工边缘性意识去除，城市社会成员的认同。譬如，那种混杂于农民和市民之间的说不明道不清的感觉的渐渐离去。"毛泽东通过调研认为，真正将农民进行社会动员，引上现代化的道路，必须克服他们的弱点：家庭本位、封闭意识、顺从人格和自由散漫"。① 在这个农民工与市民相互建构和形塑的过程中，市民形塑着农民工，农民工也在形塑着市民。但有市民化意愿和能力的农民工则应该更多地是受到市民的形塑。他们积极主动有意识地在保留自身优秀品质和习俗的同时，逐渐学习市民们的优秀品质与城市居民的生活交往方式，并逐渐去除本身的一些不良习惯，进而适应城市生活养成市民性，实现彻底的市民化，体现一种新型现代性。

农民工与国家及其制度等方面也是一种互构共变关系。农民工要实现市民化，必须调整和适应国家制度安排。从社会互构论的观点看，这就是所谓共变。农民工和国家这一社会主体关系在互构中发生变化，是"共时性和共变性的"，当然这种共变不一定是完全一致和一一对应的，也可能包含差异和冲突的过程。② 譬如，阿历克斯·英格尔斯说，使得"所有发展中国家面临的共同问题，即怎样使它们的人民形成新的价值标准，引导他们更完全更有效地参与新兴的城市工业社会秩序。"③ 而"现代工业秩序既要求个人具有首创精神，即独立自主，自行其是；也要求他能调节自己的行动，把自己的活动与现代大型组织培养和依靠的复杂

---

① 转引自郑永廷等著《人的现代化理论与实践》，人民出版社2006年版，第46页。
② 郑杭生：《中国特色社会学理论的探索——社会运行论、社会转型论、学科本土论、社会互构论》，中国人民大学出版社2005年版，第782页。
③ [美]罗伯特·海尔布罗纳等：《现代化理论研究》，俞新天、邓新裕、周锦砍译，华夏出版社1989年版，第153页。

的相互依赖性联系起来。"①

正是由于农民工市民化的完成是一个渐进的过程,这一过程中,人的内在素质的提高与培养不是在短期内自我完成的,这需要教育发挥功能。在人的现代化研究中,有学者认为,教育是人的现代化的决定性因素。教育只有在注重现代科学文化知识与能力培养的同时,注重人的现代观念与人文精神培养,教育才能发挥现代教育的功能。②一是教育有助于国家的现代化;二是教育可以培养人的现代品质,提高人的素质。对个人而言,教育可以拓宽人的选择机会,发掘人的潜能;对社会而言,教育可以改善生产技术水准,使得生产力提高,促进经济的增长。③

长期以来,我国"城乡二元"社会结构体制的制约下,对于城市居民,他们会和处于基层的城市居民委员会打交道,有关城市生活的日常行为规范会通过居委会这一层传递到市民中间,还可能通过一些居委会的活动深入市民之心,内化市民的价值观,指导市民的日常行为。如果是有单位的城市居民,则可能还通过单位组织将一些日常行为规范传递到这部分人中间。作为单位员工和城市居民,很可能同时通过单位组织和居委会这一基层组织规范和指导人的行为。对于农民,则由农村村民委员会行使这一职能,起到培育农民基本素养的作用。但是农民工处于市民和农民的边缘,亦工亦农、亦城亦乡处于游离状态,这种尴尬的身份,在城市没有一个对应的相关组织来承担提升农民工素质的任务,将农民工培养成为市民,培养为现代人。

按英格尔斯等人的研究,"现代人应该是一个见闻广阔的、积极参与的公民;特有明显的个人效能感;在同传统的影响来源的

---

① [美]罗伯特·海尔布罗纳等:《现代化理论研究》,俞新天、邓新裕、周锦懿译,华夏出版社1989年版,第154页。
② 郑永廷等:《人的现代化理论与实践》,人民出版社2006年版,第457页。
③ 同上书,第146页。

❖ 第五章 农民工市民化多重关系的互构逻辑 ❖

关系中,他有高度的独立性和自主性,特别是在他决定如何处理个人事务时尤为如此;他乐意接受新经验以及新的观念,也就是说他是相当开放的,在认识上是灵活的"。①

我们认为,在农民工市民化过程的农民工与市民的互构共变关系中,要使农民工成为一个合格的市民,成为现代人,其关键步骤就是农民工的农民意识的终结和市民性的养成。这需要有一个符合农民工现实生活和实际工作的教育活动。有研究认为,有一种不同于学校正规教育的,但以社区为依托,依靠社区力量和社区资源,协同各职能部门来实施和运作的"社区教育"可以完成这一光荣使命,从而指出,社区教育是农民工市民化的有效途径。② 对这一观点,我们在调查中也基本得到证实。譬如,当我们和一位既是市民又与农民工接触比较多的建筑工地管理人员交流时,他这样说:"农民工应该学会融入城市,融入城市(要学习)第一,虚心善意地学,学习城市文明,融入城市文明,不要做城市的破坏者。想让他们的孩子享受和城里人一样的待遇、资源,这是第一。第二,可以在农民工聚居区,去进行多姿多彩、形式多样的文艺宣传,(让他们)去体现(应该是体验)市民化是什么样的,这样他们(农民工)就会慢慢变过来,(还有)一个是制度要规范。还可以在社区举办英语学校。"

看得出来,这位被访者对农民工市民化的问题关注较多,尽管可能在社区举办英语学校意义不是很大,但是他作为一个市民,

---

① 参见郑永廷等著《人的现代化理论与实践》,人民出版社2006年版,第54页。

② 参见龚长宇《社区教育:农民工市民化的有效途径——对长沙市开展农民工教育的调查与思考》,《湖南师范大学社会科学学报》2007年第4期。社区教育(Community Education)一词最早源于20世纪初美国学者杜威关于"学校是社会的基础"的思想,而后社区教育的内涵不断丰富和完善,成为现代国际教育的一种现象和趋势。此处社区教育指的是在一定区域内,利用各种教育资源开展的旨在提高区域内全体社会成员的整体素质和生活质量,服务于区域经济和社会发展的教育活动,其实质是"人人参与教育、人人接受教育"的社会大教育。

切实看到了农民工市灵化的过程，还要农民工自身素养的提高，一是通过自身学习；二是在农民工聚居的社区举办多种活动，让他们感受市民化。重要地是他看到教育的重要性，他说的培训学校之类的教育实质上就是社区教育。

以上论及的是农民工市民化过程中互构的正面效应，即成功实现了市民化。但是互构效应具有不确定性特征。

2. 一种可能的互构效应——没有顺利实现市民化

种种原因，在经过多年的打拼后农民工返乡了。我国社会发展的不平衡性与人的现代化的差异性相互联系与相互作用，它们之间有一致也有不一致的方面。人既是社会发展的主体与动力，又是发展的目的，他的素质的高低是社会能否快速向前发展的决定性因素。①

农民工市民化是一个复杂过程，在此过程中，农民工个体之间的差异存在，有的农民工不能适应城市生活，无法在城市生活下去。换言之，有无市民化的能力我们姑且不论，首先他们是没有市民化的意愿。这部分人怎么办？是要通过社区教育培育其市民性？还是直接更改他们的户籍让他们转变为城市户口？显然，这些做法是不可能的也是不可行的。有研究认为，农民工发展只走市民化这一条路不符合中国国情，也不利于农村的发展与稳定。从农民工发展前景的内涵看，农民工要么市民化，要么转型成为新型农民。② 或者说存在农民工农民化和农民工内卷化。前者是指农民工市民化失败，回去继续当农民。后者是指农民工完成社区和职业市民化后，不再进一步市民化，形成一个既进不了城又不

---

① 郑永廷等：《人的现代化理论与实践》，人民出版社 2006 年版，第 229 页。
② 江立华：《农民工转型：市民化与新型农民化》，《中国社会科学报》2013 年 3 月 8 日第 424 期。

❖ 第五章 农民工市民化多重关系的互构逻辑 ❖

能回乡的流动农民群体。①

我国是一个农业大国,农业是基础。无论是现代化建设还是积极稳妥推进新型城市化,实现农民工市民化,不是消灭农民和让农民终结,是要实现农业现代化和终结小农意识。因此,返乡的农民工转型为新型农民时,这就需要大力发展农业,实现农业现代化。否则,如果他们还从事传统的农业生产,农业产出效益不高,仍然不可能从整体上实现我国的现代化。

按照社会互构论的理论观点,这也是可能的一种互构效应。农民工无法实现市民化,可能是转型成为新型农民,也可能是形成新的进不了城又不能回乡的流动农民群体。

综上所述,我们从社会互构论的视角,把农民工市民化这一互构共变关系,尝试着从互构主体,互构时空和互构效应方面做了阐述,认为农民工市民化这一互构共变主体是多元的,互构时空也是多维的,互构效应具有不确定性的特征。反过来讲,农民工市民化问题归根到底可以对应为个人与社会的关系问题。

---

① 王兴周、张文宏:《城市性:农民工市民化的新方向》,《社会科学战线》2008 年第 12 期。

第六章 结论与讨论

当代中国正处于社会转型加速时期，改革开放政策的实施，解放了农民，调动了农民的生产积极性和主动性。但城乡二元经济社会结构的存在和户籍制度的限制，使得农民工现象及农民工问题成为当前学术界和政界共同关注的大问题。新世纪以来，为了打破"城乡二元"结构，缩小地区发展不平衡和贫富不均问题，国家提出了促进区域协调发展，统筹城乡一体化，坚持走新型工业化、信息化、农业现代化和积极稳妥推进新型城市化的"四化同步"的道路。在推进新型城市化进程中，改革户籍制度，有序推进转移农业人口市民化，成为当前社会转型期我们必须面对的一个重要现实问题。尤其在2011年底我国城市化水平达到51.3%，但由于长期居住在城镇的大量农民工及其家属近2.8亿的农村户籍人口，没有真正实现市民化，尽管我们认为标志着我国的社会结构发生了历史性变化，但是这种"虚城市化"或"半城市化"现象引起了学界的高度重视，由此引出的农民工市民化的问题，成为"当代中国社会学的重要研究主题"。换言之，农民工市民化问题需要我们从理论上作出应有的回答。

本书主要以LZ市的实地研究为例，以迁入西北城市的农民工为主要研究对象，在社会转型的特定时空背景下，从社会运行的视角出发，以社会互构论为理论框架，从微观层面重点阐述了作

❖ 第六章 结论与讨论 ❖

为社会行动主体的农民工及其与国家和市民的互构共变关系，农民工的"现代性成长"过程和市民性建构过程，提出了农民工的"代际市民化"和"差序市民化"两种模式（或类型）。

一 主要结论

农民工市民化是一个复杂的过程，也是一项系统工程。农民工市民化既需要国家制度层面的顶层设计到位，也要有地方政府执行具体的、可行的措施，更要有农民工自身的意愿和积极主动的市民化的能力。在社会互构论看来，农民工市民化就是这些社会行动主体关系不断相互形塑和建构的。那么，在西北城市化水平低下和城市化质量不高的情况下，在国家推进新型城市化的过程中，在现实地域空间社会经济发展不足或者说是地域生态环境的弱势下，农民工市民化，怎么"化"？"化"什么？这是我们关注的基本问题，这一问题实际包括了"化"的目标或指标与"化"的内容两个不可分割的方面。

（一）代际市民化和差序市民化

第一，从农民工个体自身来看，农民工群体内部已经分层和分化，代际之间的差别明显，由于个体的差异的存在，以及他们对未来的预期是不一样的。按照社会互构论的观点，我们认为，农民工市民化过程中互构主体是多元的，这也使农民工市民化出现不同的类型（或者是模式）。根据代际差异的情况，我们尝试着提出农民工的代际市民化模式。

社会结构转型带来了农民工群体内部的分化与转型，个体化社会中老一代农民工、新生代农民工并存，但这两个群体的种种差异的存在，使得农民工市民化不是一蹴而就的，不可能同时实现市民化。就老一代农民工而言，目前他们大多数人的年龄在50

岁左右，经过多年的体力劳动和外出打工奔波，体力远不如以前年轻时代，且由于自身条件限制和艰苦的生活环境，不能完全适应城市的快节奏生活，人际交往和与市民的接触等方面也存在诸多困难。他们只求在有限的时间中，还能够经营本不富有的农村承包地，在农村的家乡享受晚年生活。他们这一代人对市民化没有什么奢望，认为"我是农业户口，不可能成为城市人的"。对于他们这一代人来说，成为城市人并没有多大的动力。他们当年外出打工的初衷，就是为了贴补家用，为了提高农村家里的生活水平，可能更多的还是为了解决温饱问题而外出打工的，也没有想着今后能成为城市人。但是，他们这一代人有一个比较一致的观点，就是想方设法不让子女们继续农民工的生活。他们通过让子女们努力学习，考个好学校而改变命运。尽管他们不可能给予子女们亲自辅导功课，但他们唯一能做的就是努力挣钱，从物质和金钱方面满足子女学习的需要。他们最终也是通过实现子女们的市民化而间接地获得自己的心理满足。

然而，就新生代农民工来说，他们的市民化意愿很强，相比而言，受教育程度较高，又基本不会农耕生产，也没有对土地有更多的依恋，他们外出打工的动机，对未来的预期等方面和老一代农民工有很大区别。譬如他们打工挣钱不是为了家庭，而是为了自己花。他们就想成为城里人，向往城市生活，生活方式和习惯向城市人学习，甚至不愿意别人称呼他是农民工。这一部分群体实际就是农民工市民化的重点人群。有研究表明，"越是年轻的农民工准备回村的比例就越低，越是年龄大的农民工准备回村的比例就越高。这就证明，我国的城镇化一定是要通过几代人的变迁才能完成的"。① 由于城镇化也是在需要代际间的努力才能真正实现，伴随城镇化的农民工市民化可能也需要通过代际间的共同

---

① 李强：《主动城镇化与被动城镇化》，《西北师大学报》（社科版）2013年第6期。

❖ 第六章 结论与讨论 ❖

努力来完成。因此，本研究提出"农民工的代际市民化"或"农民工的代际市民化模式"。

第二，从农民工市民化的地域空间看，不同的城市化发展水平和城市化质量的现实，使得不同地域空间的城市对待农民工市民化的政策和实施步骤也是有区别的。结合进城农民工与居住空间和城市的位置，借鉴城市社会学中的同心圆理论，我们尝试着提出了农民工的差序市民化模式。

"差序"概念显然是借用了费孝通先生的差序格局理论中的相关概念表述。费孝通先生认为，差序是传统中国乡土社会的基本格局。① 当代中国社会正在从传统型社会向现代型社会转型，这种社会转型也表现为从土气的农村社会向洋气的城市社会转型，按现代化的一般规律，这一社会转型也是社会现代化的过程。"从理论上看，现代化是整体性的，是社会生活各个领域各个方面的一场全面性的变革过程，但在现代化的实际过程中，却往往不可能将现代化的各个方面同时推进，这样，现代化的不同方面、不同因素之间，在时间上就形成一种先后不同的序列关系，我们将其称为现代化的时序模式。"② 在这一转型过程中，东西部地区的城市化水平和城市化质量也是差距较大，城市居民的收入水平也有较大的差别。一个西部城市居民的收入很可能远不如东部地区某个农村居民的收入。譬如，像华西村的村民就是非常富裕，家家户户有轿车，有别墅，月月有工资，年底还有集体的分红收入。虽然他们户籍上是农业户口，但是他们生活环境优越，生活质量等总体方面远远高出西北城市居民的生活质量。要让像华西村这样的村民市民化，估计没人愿意，而且也不可行，因为可能没有

---

① 费孝通：《乡土中国 生育制度》，北京大学出版社1998年版。
② 孙立平：《现代化的时序模式》，参见孙立平《现代化与社会转型》，北京大学出版社2005年版。

人在乎城市户口，说不定转变为城市户口后就不能享受原先村民的待遇了。这种现象在东部沿海地区较多，前文已有述及。在西部地区城市也有典型案例，但比较少。

中国是一个东西部地区差距过大，社会发展极度不平衡的发展中农业大国。我们认为，在新型城市化战略推进的过程中，国家的发展战略向西转移，但还存在制度变迁过程中的制度依赖，东部依然是发展快于西部地区，生态环境和地域空间差别的存在，使得农民工市民化不可能在全国同时实现。我们可以根据差异化程度的大小，因地制宜，优先考虑具备支付市民化财力的地区，或者说以某一个中心城市为原点，向周边进行市民化扩散，实现农民工的差序市民化。有些学者主张"'就地市民化'或'就近市民化'更能体现主动城镇化"。① 实际上，本书提出的"差序市民化"类型与"就地市民化"或"就近市民化"在内涵上是接近的。

具体来说，农民工市民化就是现代化过程中，农民向市民转化的一个特定阶段，是属于整体现代化的一个重要组成部分。正是由于现代化过程具有一定的时序模式，因此，农民工市民化不可能在某一时段整体完成，和现代化具有时序模式一样，农民工市民化也将具有一定的差序模式。换言之，农民工市民化的不同方面、不同因素之间，在时间、地域上就会形成一种先后不同的差别关系，我们称为差序市民化。

因此，通过研究，我们认为，西北城市农民工市民化，怎么"化"？应该是"代际市民化"和"差序市民化"。当然，如果在这两类模式同时具备条件下，有强烈市民化意愿和市民化能力的新生代农民工将很快彻底实现市民化。

---

① 李强：《主动城镇化与被动城镇化》，《西北师大学报》（社科版）2013年第6期。

❖ 第六章 结论与讨论 ❖

（二）农民工的现代性成长

农民工市民化，"化"什么的问题，实际上是现代化建设过程中的这一"社会互构域"中，个人的再社会化问题，或者说是个人的现代化问题。随着经济全球化的发展和整个社会的社会化程度的提高，人的社会化问题作为人的现代化的主要内容，也相应突出。① 伴随社会急剧转型，"现代性不断成长，人类生活和组织模式即社会实践结构从传统走向现代、迈向更加现代和更新现代"。②

社会互构论认为，当代中国社会正处在急剧转型时期，意味着"我国的现代性是一种与旧式现代性决裂的新型现代性的实践"。③ 与此同时，当代世界也呈现出一种总体性的社会转型。由此，个人与社会的关系，社会与自然的关系正在经历着很深刻的变化。

在社会互构论看来，正是"个人与社会之间存在着互构共变关系，这种关系使得个人和社会处于一种相应的、交互性的、共时共变的过程性状态"。④

在"个体化社会"已然到来的时代，"个人作为社会关系体系的基本单元；他的独立性，独特性和主体性日益充分地得到显示和表达"⑤，个人的这种独立性、独特性和主体性的逐渐获得与表达，就是人的现代化的过程。而人的现代化，既涵盖人的现代特性，又包括人的现代特性的生成、发展过程，具体就是指人的

---

① 郑永廷等：《人的现代化理论与实践》，人民出版社2006年版。
② 郑杭生：《现代性过程中的传统与现代》，《学术研究》2007年第11期。
③ 郑杭生：《中国特色社会学理论的探索——社会运行论、社会转型论、学科本土论、社会互构论》，中国人民大学出版社2005年版，第590页。
④ 同上书，第597页。
⑤ 郑杭生：《社会学概论新修（第四版）》，中国人民大学出版社2013年版，第128页。

现代性发生、发展的现实活动，包括人的价值观念、思想道德、知识结构、工作和生活方式由传统性向现代性的转变，由传统人向现代人的转变。①

农民工市民化是在当今世界社会和当代中国社会双重急剧转型的过程中，农民工个体、国家、市场和市民等其他社会行动主体关系的互构共变，他们相互形塑着对方。当社会经历从旧式现代性向新型现代性转型的过程中，农民工个人也正在经历着从旧式现代性向新型现代性的转型过程，换言之，农民工市民化就是农民工个人的"现代性不断成长"过程。在农民工个人的"现代性不断成长"的过程中，农民工个人的独立性、自主性日益增强，得到表达并逐渐内化于个人心理，形成市民性。

由上述之，在面临当代社会转型加速期和我国现代化建设的关键时期，推进新型城镇化过程中，农民工市民化的实质就是农民工个人的现代化，这种现代化就是对农民工面对当今世界社会和中国社会从旧式现代性走向新型现代性的一种初步回应。"沃勒斯坦认为，以往的现代性注重的是'技术的现代性'，这是一种假的现代性，而真正的现代性应该是'人类自我解放的现代性'"。②因此，农民工市民化，就是农民工个人现代化过程，就是农民工个人"现代性不断成长"的过程。从社会互构论的理论观点看，尽管农民工市民化过程中互构主体多元，互构时空多维，互构效应具有不确定性特征，但是我们认为，在农民工市民化这一互构共变关系中，农民工市民化的最终结果，就是农民工自身的新型现代性的累积、叠加，最终内化为个人的主导价值观，待市民化完成后，农民工市民性的养成。

---

① 郑永廷等：《人的现代化理论与实践》，人民出版社2006年版，第11—12页。
② 转引自郑杭生《现代性过程中的传统与现代》，《学术研究》2007年第11期。

❖ 第六章 结论与讨论 ❖

二 讨论与研究的不足

我国社会现代化的建设，既要有工业化和城市化协调共进发展，更要有与工业化、城市化相适应的、作为社会主体的人的现代化。按照社会运行论的观点，要实现社会的良性运行和协调发展，首先要个人、自然与社会之间协调发展。新中国成立后，我国实行高度集中计划经济体制和严格的"城乡二元"户籍制度。由于"城乡二元"社会结构体制的影响，东、西部之间区域社会发展不平衡，城乡社会发展和城乡居民生活水平之间的差距越来越大。在当代中国社会转型的现实下，这种社会发展不平衡和差距凸显，严重制约着我国现代化建设的步伐，也付出了较高的社会发展代价。21世纪以来，为了统筹城乡社会发展和缩小发展差距，为了"增促社会进步，减缩社会代价"，我国调整了社会发展战略，坚持走新型工业化、信息化、城镇化和农业现代化的道路，坚持"四化同步"协调发展。尤其是在2011年后，我国城市化水平达到51.3%，标志着我国社会结构发生了历史性变迁，但是其中居住在城镇的近2.8亿多农民工及其家属，还未能真正实现城市化的问题，引起了学界和政界的高度关注。为此，国家在积极稳妥推进新型城镇化的进程中，改革户籍制度，有序推进农业转移人口市民化成为当前我国的重大现实问题之一。当然，"农民工市民化是一个过程，具有明显的阶段性：进城农民首先要解决就业生计问题，即享有城里人的经济权利；其次要平等获得公共服务，享有城里人的各项社会保障权益；最后是完全融入城镇社会。每个阶段又可细分为'享有部分权利'和'与城里人平权'两个亚阶段。在这方面，既要破解体制机制障碍，也要吸收并总结各地创新性实践经验，并将其上升到理论高度。"①

(一) 几点讨论

"农民工实现市民化是必然选择。经典作家和中国的党和国家的领导人都认定小农制度必然会消亡。150多年前,马克思和恩格斯就提出了'小农制趋于衰亡'的著名论断;列宁在20世纪初认为,一家一户式的小农制必然会退出历史舞台。在中国革命和建设过程中,毛泽东等人曾试行过土地的小农私有化,但到20世纪50年代中期以后人民公社后,国家强调的是土地的集中化和农民的集体化,小农制实际已经被放弃。改革开放后,邓小平提出著名的'二次飞跃'论,第一次飞跃是'废除人民公社,实行家庭联产承包为主的责任制'。这个已经实现。第二次飞跃是'发展适度规模经营,发展集体经济',这是农村改革的目标。而第二次飞跃的结果必然是土地的相对集中和农民数量的日益减少。因此改革开放以来涌现出的2.5亿农民工是从农业和农村地区自然溢出的剩余劳动力,因此这些劳动力再回到农村和农业的可能性已不大,他们只有逐步市民化这种选择。"②

因此,农民工市民化作为当代中国社会转型过程中不可避免的现实问题,在当代中国发生"社会实践结构性巨变"中显得尤为突出,已然成为"当代中国社会学的重要研究主题"。由于"我们身处社会互构的时代"和"个体化社会"的已然到来,农民工个人在和社会的互构共变关系中显得格外重要。在新型城镇化推进过程中,农民工能否实现市民化,将直接影响我国社会的良性运行和协调发展。简单地看,农民工市民化实际就是农民工个人在社会转型期的再社会化问题。

---

① 童星:《拓宽新型城镇化研究思路》,《人民日报》2015年5月11日。
② 王道勇:《应考虑制定农民工市民化行动纲要》,《理论前沿》2009年第16期。

❖ 第六章 结论与讨论 ❖

用社会互构论的理论观点看，农民工市民化就是在农民工、国家与市民相互形塑与建构过程中，在中国社会从旧式现代性向新型现代性转变过程中和市民"更加现代性"的双重作用推动下，农民工个人从旧式现代性向新型现代性的转变，是农民工个人"现代性不断成长"的过程。现代性应当是现代社会和现代人所包含和表现的一种不同于传统社会和传统人的特性。①

吉登斯认为现代性是一种独特的生活方式和制度模式。他说："现代性是现代社会或工业文明的缩略语。"② 哈贝马斯把现代性概括为自启蒙运动以来，不断实现的一个方略。他说"由18世纪启蒙哲学家所开创的现代性事业，就在于根据各自的内在逻辑来努力发展客观科学、普遍道德与法律以及自主艺术"。③ 吉登斯强调人的现代性特征在于"外延性"与"意向性"这两极之间不断增长的交互关联。其中"意向性"则指向个人，它表现在个人素质的提高、个人意识和自我认同的形成以及个人之间、个人与世界之间关系的改变上。④ 农民工市民化的结果就是在市民化过程中，通过自身学习和社区教育，个人的城市适应性逐渐增强、城市生活方式和城市社会认同的形成，即农民工市民性的养成。我们认为，市民性是农民工"现代性不断成长"过程的累积效应。即指农民工完成市民化过程后，在与市民的互构共变中，形成的心理上适应城市生活，行动上遵循城市生活基本规范，认同城市精神的生活方式。这是一种开放性强，生活节奏快，社会化程度高的生活方式。

---

① 郑永廷等：《人的现代化理论与实践》，人民出版社2006年版，第11—12页。
② [英]安东尼·吉登斯、克里斯托弗·皮尔森：《现代性——吉登斯访谈录》，尹宏毅译，新华出版社2001年版，第69页。
③ [美]道格拉斯·凯尔纳、斯蒂文·贝斯特：《后现代理论》，张志斌译，中央编译出版社2011年版，第259页。
④ 郑永廷等：《人的现代化理论与实践》，人民出版社2006年版，第179页。

（二）研究的不足

农民工市民化是一个重大的现实问题，也是一个复杂的理论问题。这不仅要有国家及其各部门的协调推动，更是牵涉到人的问题。人的研究是复杂的，农民工作为"个体化时代"的社会行动者，他们的主体性也逐渐凸显，心理变化程度大，异质性强，个体差异大。在"全球化世界长波进程和本土社会转型特殊脉动"这两种力量的相互扭合下，使得农民工市民化问题更为复杂。

尽管本书以西北地区城市农民工的市民化情况进行了深入研究与探讨，但我们认为，在以下方面还有进一步研究的空间和一定的不足之处。第一，农民工市民化过程中公共服务均等化的问题，西北城市城市化质量到底与市民化有多大关系等问题还可以进行深入讨论。第二，市民性的界定略显模糊，市民性与现代性、城市性的互构关系还有探讨的价值。第三，在理论应用上，对于社会互构论的理解可能存在偏差，有些解释可能不准确，譬如，对互构时空的分析显得苍白。第四，本研究以 LZ 市为实地研究区域，提出的市民化模式是否具有规律性，得出的研究结论是否有政策回应的可能，还需验证。同时未能将提出的模式和东部地区城市农民工市民化模式进行比较研究，研究特色似乎不明显。

附　录

附录一　调查问卷

问卷编码：

农民工市民化综合调查问卷[①]

尊敬的朋友，你好：

  我是西北民族大学社会学院的教师，正在进行一项有关农民工市民化方面的调研，希望通过调研能够了解农民工目前的状况和工作生活中存在的问题，改善农民工的待遇，为有序推进农民工市民化获取详细的第一手资料，获取的数据仅用于科学研究分析，您的个人基本信息将严格保密，烦请您在百忙中予以协助与配合。谢谢！

调查者：刘荣

2013 年 7 月

[①]　在调查问卷、访谈提纲的设计与编制过程中，笔者参考了以往研究文献的内容，受到诸多启发，但未能一一注明出处，特此致谢！

一　基本情况

A1. 性别：男；女。

A2. 年龄：

A3. 民族：

A4. 教育程度：1 文盲/半文盲；2 小学；3 初中；4 高中/技校/中专/职高；5 大专及以上。

A5. 婚姻状况：1 未婚；2 已婚；3 离异；4 丧偶。

A6. 您家里有_____个人，男孩_____个，女孩_____个（孩子指未婚的，没分家单独过的，一般指18岁以下）

A7. 您的政治面貌_____。1 中共党员；2 团员；3 群众；4 其他（请注明）_____。

A8. 进城后，您是否回老家参加过村委会的选举_____。1 是；2 否

A9. 原居地：_____省_____市_____县_____乡镇_____（农业户口还是城镇户口）

A10. 打工地：_____省_____市_____县_____乡镇_____（现在是农业户口还是城镇户口）

A11. 您去年的年收入大概是多少？_____（直接填写数字）。

二　就业情况

B1. 您本人第一次外出就业的年龄是_____岁。

B2. 到目前您已经累计打工_____年了。

B3. 您会干农活吗？1 会；　2 不会；　3. 会干但不愿干，所以出来打工。

❖ 附录一 调查问卷 ❖

B4. 在第一次外出打工之前在家从事过_____年的农业生产。

B5. 您目前工作单位的性质是_____。1 行政事业单位；2 国有企业；3 集体企业；4 三资企业；5 个体、民营；6 其他（请注明）_____。

B6. 您觉得你目前所在单位福利待遇怎么样（请详谈）？

B7. 您每周有休假吗？1 有；2 没有。

B8. 一般每周休_____天假，休假时有工资吗？

三 土地情况

C1. 您老家有承包地_____亩。（直接填写数字，没有填写0）

C2. 您老家有宅基地_____亩。（直接填写数字，没有填写0）

C3. 您老家的承包地目前是_____。1 自种；2 委托亲友代种；3 转租给别人种，每年每亩收入_____元。

C4. 如果您进城定居，希望如何处理承包地_____。1 保留承包地，自家耕种；2 保留承包地，有偿流转；3 入股分红；4 给城镇户口的话，有偿放弃；5 给城镇户口的话，无偿放弃；6 其他（请注明）_____。

C5. 如果您进城定居，希望如何处理宅基地或房产_____。1 保留农村的宅基地和房产，将来备用；2 有偿转让；3 给城镇户口的话，有偿放弃；4 置换城里的住房；5 其他（请注明）_____。

四 市民化的意愿和障碍

D1. 您为什么离开家乡到这里打工，主要原因是（按顺序选择3项，最主要的排在第一位）

1 农村收入太低、负担重，城里收入相对较高；2 家里人多地少；3 家乡比较封闭保守；4 别人都出来了，受到别人的影响；5 不愿意（不会）干农活，城市生活条件好；6 学习一技之长，再回家乡创业；7 进城后孩子有条件接受更好的教育；8 其他（请注明）_____。

D2. 您对打工地总体上满意吗？_____。1 很满意；2 满意；3 无所谓；4 不太满意；5 很不满意

D3. 如果条件或者政策许可，您或者您的家庭是否希望能够脱离农村，变成真正的城市人？1 希望；2 不希望。（如果回答 1 请回答 D4，如果回答 2，请跳过 D4，回答 D5）

D4. 为什么希望脱离农村，成为城市人，主要原因是_____（按顺序选 3 项，最主要的排在第一位）

1 农民收入低；2 农民社会地位低；3 城里人收入高，生活水平更好；4 城里人有退休工资和社会保险等社会保障；5 进城以后孩子有条件接受更好的教育；6 城里人有体面和稳定的工作；7 城里人的精神文化生活丰富多彩；8 其他原因，其中最主要的原因是（请注明）_____。

D5. 您为什么不愿意脱离农村，成为城市人，主要原因是_____（按顺序选 3 项，最主要的排在第一位）。

1 城市消费水平高；2 没有城市户口，享受不了市民待遇；3 城市压力大，生活太累，不如农村生活舒适；4 在城市受到歧视，难以融入城市，社会地位低；5 城市房价太高，买不起住房；6 孩子在城市上学费用太高；7 城市就业风险太大，害怕失业后生活没有保障；8 其他原因（请注明）_____。

D6. 您认为您目前已成为城市人了吗？1 是；2 不是；3 不清楚

D7. 您认为成为城市人的主要依据或者主要标志是_____。

1 取得了城市户口；2 有一份比较稳定的工作和较高的收入；

3 在城市买了住房；4 已经成为企业的正式职工；5 享有和城市人一样的待遇；6 具有和城市人一样的生活方式和价值观念；7 其他（请注明）_____。

D8. 您认为你成为城市人后面临的主要问题是_____。（按顺序选3项，最主要的排在第一位）1 城市失业风险大，失业后生活没有保障；2 在城市买房负担太重；3 城市生活消费水平高，支出大；4 孩子在城市上学费用高；5 在城市受歧视，难以融入城市，社会地位低；6 看病难，看病贵；7 城市压力大，生活太累；8 其他（请注明）_____。

D9. 您没有成为城市人的主要原因是_____。1 政策原因造成的成为城市人的门槛过高，使自己无法具备成为城市人的条件；2 自身具备成为城市人的条件，但现实政策不允许；3 自身具备成为城市人的条件，但自己不愿意成为城市人；4 自身原因造成的还不具备成为城市人的条件。

D10. 阻碍您成为城市人的主要政策性因素是_____（按顺序选择3项，最主要的排在第1位）。

1 城乡分割的户籍制度；2 农村土地制度；3 社会保障制度；4 城乡就业制度；5 工资过低，而城市房价等过高；6 其他政策性因素（请注明）_____。

D11. 在成为城市人的过程中，您希望得到的政府帮助是_____。

1 和本地人享有同样的户口；2 解决好子女的就业难问题；3 提供保障房或廉租房；4 解决好看病难问题；5 提供必要的教育和培训，提高职业技能；6 监督企业保障民工的合法权利，加强权益保障；7 改善社会保险，和城里人享有同样的社会保障和社会福利；8 降低成为城市人的门槛，提高工资水平；9 其他（请注明）_____。

D12. 城镇户口最吸引您的是什么内容_____？

1 社会保险水平高；2 有低保、下岗扶持等措施；3 就业稳定；4 城市生活条件好；5 能购买政府保障性住房或政府提供的廉租房；6 子女教育条件好；7 城市人生活得体面；8 其他（请注明）_____。

D13. 假如不提供城镇户口，您愿意留在城里吗？_____ 1 愿意，无论如何都要留在城里；2 不愿意，干几年后再回去；3 无所谓，可以两边跑；4 我相信这种情况会改变；5 其他（请注明）_____。

五　享受公共服务、参加社会保险、业余文化生活情况

E1. 您的子女教育情况是（未婚或无子女者不填）_____。1 在务工地公办学校接受教育；2 在务工地民办学校接受教育；3 在老家的学校接受教育；4 其他（请注明）_____。

E2. 您对子女教育的期望是（未婚或无子女者不填）_____。1 在务工地公办学校接受教育；2 在务工地民办学校接受教育；3 参加务工地的中考和高考；4 提高老家学校的教学质量。

E3. 您参加了哪一类社会保险_____。1 新农合；2 农村养老保险；3 未参加任何社会保险。

E4. 您平时有没有业余文化生活_____。1 有；2 没有。

E5. 您的业余文化生活主要包括哪些方面（可选三项）_____。1 看电视；2 学习培训；3 聊天打发时光；4 和工友一起打牌；5 逛大街；6 看报纸杂志；7 上网；8 看电影；9 体育锻炼；10 在家或宿舍休息；11 其他（请注明）_____。

E6. 您业余时间最常去的地方是（可选三项）_____。1 网吧；2 在家或宿舍休息；3 文化馆；4 图书馆；5 公园；6 电影院；7 体育馆；8 其他（请注明）_____。

E7. 您最希望提供哪些文化服务？

1. 免费的公园；2 免费的文化站和图书馆；3 公共电视；4 免费上网；5 免费的报纸杂志；6 开放社区公共设施；7 免费的体育场馆；8 组织农民工自己的文化体育活动；9 其他（请注明）_____。

六　社会参与

F1. 您认为农民工是否应该参加所在居住社区的选举活动_____。1 应该；2 不应该；3 无所谓。

F2. 您想不想参加所在居住社区的选举活动_____。1 想；2 不想；3 无所谓。

F3. 如果您想参加工作单位或所居住的社区的管理活动，主要目的是_____。1 维护自身利益；2 提高自身社会地位；3 维护农民工的群体利益；4 出于社会责任感；5 个人兴趣；6 其他（请注明）_____。

F4. 您所在企业有工会吗？_____。1 有；2 没有；3 不清楚

F5. 您怎样看待现有的工会组织_____。1 能代表农民工的利益；2 能发挥重要作用；3 不能代表农民工利益；4 没什么用处；5 其他（请注明）_____。

F6. 您想不想加入属于农民工自己的合法组织_____。1 想；2 不想；3 无所谓。

F7. 您是否和家人、朋友谈论国家政治问题_____。1 经常；2 偶尔；3 很少。

F8. 您是否关注党的路线、方针和政策？_____。1 很关注；2 不太关注；3 不关注。

F9. 进城后，您是否曾主动向媒体提供新闻线索，报道您身

边的事或反映您的想法_____。1 经常；2 偶尔；3 没有。

F10. 进城后，您是否曾主动向劳动或工商等部门反映您遇到的权益侵犯问题_____。1 经常；2 偶尔；3 没有。

F11. 您有没有因为在工作中遇到困难，向信访部门写信或打电话，提出您的建议和要求_____。1 经常；2 偶尔；3 没有。

F12. 如果其他农民工因权益被侵害邀请您去有关部门上访，您的态度是_____。1 积极参加；2 表示同情，但不参加；3 劝阻他们别去；4 无所谓。

F13. 如果农民工的权益受到严重侵害时，您是否赞同用自杀等极端方式（如跳楼）捍卫自己的权益_____。1 非常赞同；2 赞同；3 不赞同；4 很不赞同。

F14. 如果农民工的权益受到严重侵害时，您是否赞同用罢工等方式，捍卫自己的权益_____。1 非常赞同；2 赞同；3 不赞同；4 很不赞同。

F15. 如果您有机会参与城市的政治生活，您的目标是_____。1 反映农民工利益要求；2 实现个人利益和价值；3 为政府科学决策出谋划策；4 没什么具体目标；5 其他（请注明）_____。

F16. 当您的权益受到所在企业侵害时，您会采取什么办法解决_____？1 打官司；2 上访；3 找媒体曝光；4 找同乡朋友帮助；5 默默忍受；6 罢工；7 其他（请注明）_____。

F17. 您期望用什么途径来维护自己的合法权益？_____。1 用法律来解决问题；2 参加城市社会管理；3 通过工会组织解决；4 其他（请注明）_____。

附录二 访谈提纲

农民工市民化研究访谈提纲

一 访谈对象为农民工

(一) 对自己的身份认同

1. 您觉得自己属于哪个群体(农民、市民、农民工)?为什么?

2. 成为市民的标志是什么?

(二) 市民化意愿

1. 是否有在城里定居的打算?为什么愿意在城里定居?

2. 打算在城里定居,老家的土地怎么处置?如果要转变为城市户口,必须放弃农村土地,还是否愿意变为城里人?

3. 在转变为城里人的过程中,您觉得有障碍吗?有哪些障碍?自身原因有哪些?客观原因有哪些?

4. 城市的生活成本与农村相比如何?在城市生活有压力吗?哪些方面的压力?这种压力是否会影响城市化意愿?

5. 您认为,与城市市民相比,有哪些优势和劣势?你认为,市民对农民工的态度是怎么样的？你认为，城市市民是否愿意农民工定居生活在城市，最终市民化？市民对农民工的态度是否会影响你的市民化意愿？

6. 你觉得政府的办事人员在对待市民与农民工时，态度是否有差异？（最好能举例说明）

7. 对于市民化政策是否听说或了解？如果听说和了解，那么哪些条件您认为是有利于促进市民化的（是不是放开户籍制度就可以认为是市民化了？），哪些条件仍不利于市民化？

（三）市民化现状

您认为怎么样的情况就算是您已经市民化了？主要具体表现有哪些？

1. 目前在城市享受哪些社会保障？所享受的社会保障与市民有什么区别？

2. 进城之后，你觉得自己所享受的权利与以前相比是否有变化？哪些方面有变化？

3. 子女是否在打工地上学？没有在打工地上学的原因是什么？要把孩子接到打工地上学的最大阻力是什么？

4. 在城市中，经常交往的对象大概有多少人？这些人分别与你是什么关系？这些人中，是否有城里人？你是否愿意与市民交往？为什么？在与市民交往的过程中，你觉得市民对你的态度如何？当你遇到困难需要帮助时，你会找谁求助？

二 访谈对象为市民（包括城市企业的管理人员）

1. 对农民工这一群体有怎么样的看法？

2. 是否愿意与农民工交往？为什么？在日常交往圈子里，是否有农民工？

◆ 附录二 访谈提纲 ◆

3. 您认为,农民工在市民化过程中遇到的最大障碍是什么?农民工自身需要做哪些努力与改变?政府需要做哪些政策调整?

4. 农民工市民化会对你产生影响吗?如有影响,主要表现是哪些?

5. 您认为一个农民工怎么才能市民化呢?

附录三　怀念郑老师[*]

摘要：社会学在中国的发展有着较曲折的经历。改革开放后，西北民族大学的社会学及其相关的民俗学、人类学/民族学等学科是在以郝苏民教授为代表的一代学人的学术坚守、努力和费孝通先生等前辈学者的直接扶持下创办、发展起来的。新世纪以来，在中国社会学学科发展与建设中，郑杭生先生作出了历史性贡献，他在致力于做强社会学的同时，关心民族高校、关注和支持民族高校社会学、人类学、民族学和民俗学的发展，西北民族大学的社会学学科建设发展中得到郑杭生先生的帮助与大力支持，历史是不能忘记的。

关键词：郑杭生；社会学；学科建设；西北民族大学

2014年11月9日是一个令人难忘的日子，更是令人伤心的时间。当日21时，著名社会学家郑杭生老师因病医治无效，与世长辞。郑老师对中国社会学恢复重建以来作出的历史性贡献，学术界有目共睹。他的逝世是中国社会学界的重大损失，也使我们学生失去了一位智者、长者和学术引路人。一年多来，我时时想起

---

[*] 该文以题为《西北民族大学的社会学学科建设与郑杭生先生》发表于《西北民族研究》2016年第1期。

❖ 附录三 怀念郑老师 ❖

郑老师，追随郑老师这些年，点点滴滴，历历在目……！在此，我就我所知道的郑老师与西北民族大学社会学学科建设之间的往事呈现大家，缅怀先生。

一 西北民族大学社会学的创办与发展

社会学及其相关的民俗学、人类学/民族学等学科专业在西北民族大学的创办与发展，不能不提及郝苏民教授，郝先生对西北民族大学的社会学学科建设与发展作出了开创性贡献，而提到郝苏民教授在西北民族大学的学科建设的作用，又不能忽视费孝通先生和北大长期和直接的扶持，也不能忘记郑杭生先生在西北民族大学社会学学科发展与建设的关键阶段给予的大力支持与帮助。

郝苏民先生现任西北民族大学教授、博士生导师、《西北民族研究》主编，是我国著名民俗学家、人类学家。他20世纪50年代中期毕业于西北民族学院蒙古语言文学专业并留校任助教。随后，他成为年轻的"右派"被批斗、被下放。他当过图书管理员、背过矿石、炼过钢铁，还在甘南藏族自治州的甘加草原放过牧。

改革开放后，重返教学科研的郝先生又一次焕发了学术青春，他珍惜来之不易的机会，潜心教学科研，认真著书立说，全身心投入工作。那种颇具传奇的阅历使郝先生对"人类学、民族学知识产生了渴望与思考"[①]。1984年他参与创办西北民族学院西北民族研究所和《西北民族研究》，先后任副所长、所长和副主编、主编。由于业绩突出，1987年他从讲师破格晋升为教授。1990年郝苏民教授领衔申报的民俗学专业硕士点获得批准并于1991年开始

---

① 马东平编选：《编选前言》，《陇上学人文存·郝苏民卷》，甘肃人民出版社2014年版，第9页。

招生。1998年后,郝先生先后创办社会人类学·民俗学研究所(系)和社会学本科、硕士点、人类学硕士点,把科研直接引入课堂教学,填补了西北民院社会学、人类学/民族学、民俗学专业从未有过的科研与学科空白。2001年7月中国第六届社会学人类学高级研讨班在西北民族学院举办。费孝通先生莅临西北民族学院,出席高研班并亲自为西北民族学院社会人类学·民俗学系(社会学系)成立揭牌。"费孝通先生煞费苦心的目的有二:一为扶持西北民大社会学人类学专业的开创;二为开发大西北的到来,培养专业人才。"①

随着学校更名,社会学本科专业和社会学、民俗学、人类学硕士点所在的社会人类学·民俗学系也更名为社会人类学·民俗学学院,拥有1个少数民族文学博士招生方向,社会学、民俗学和人类学3个硕士点和1个社会学本科专业。至此,西北民族大学社会学学科的发展步入良性发展的轨道。之后,学校深化改革,学院又更名为民族学与社会学学院。经过师生们多年的不断努力,现已发展成为拥有社会学、社会工作、民族学3个本科专业和社会学、民俗学、人类学、民族学、社会工作硕士专业学位等5个硕士点和1个博士招生方向的学院。这一过程,都证明西北民族大学人类学(含民族学)与社会学学科的发轫都与费孝通先生和北大相应学科的直接扶持联系在一起。但西北民族大学社会学及其相关学科的发展与建设,又不能忘记郑杭生先生在发展关键时刻的大力协助和支持。

二 郑杭生先生与西北民族大学的社会学

郑老师指出,"在理论上和实践上加强社会学和民族学的联系

---

① 《薪火春秋——群述30年学科践行中的各自故事》,民族出版社2014年版。

❖ 附录三 怀念郑老师 ❖

和互动非常重要。"① 从 2001 年起，郑老师就和民族学、民族院校的关系逐渐密切，访问过的或讲过学的，除了临近的中央民族大学外，还有广西民族学院、西南民族大学、中南民族大学、西北民族学院、云南民族大学、湖北民族学院②和内蒙古师范大学等高校。

（一）郑老师对学科发展的关心与协助

显然，郑老师和西北民族大学的关系就是源于社会学与民族学的互动。在这一互动和联系过程中，就能看出郑老师对西北民族大学社会学学科的关爱与扶持。2000 年，西北民族学院获准设立社会学本科专业；2001 年开始招收本科生；2003 年社会学硕士点获准设立；2004 年开始招生。2002 年 7 月中国社会学会学术年会在兰州召开。会议期间，时任中国社会学会会长、教育部高等学校社会学学科教学指导委员会主任委员的郑老师，应西北民族学院邀请到西北民族学院社会人类学·民俗学系（社会学系）访问，受到当时西北民族学院党政领导的高度重视和热情接待，并聘请郑老师担任西北民族学院社会学系客座教授，郑老师欣然接受。时任社会人类学·民俗学系（社会学系）主任的郝苏民教授就西北民族学院社会学的学科建设与发展和郑老师交换意见，并请郑老师在学科发展、学位点建设等方面给予西北民族学院更多的帮助与支持。2005 年时任西北民族大学党委副书记的赵德安教授在郝苏民教授的陪同下前往北京，在中国人民大学郑老师办公室专门拜会郑老师，就西北民族大学社会学及其相关学科的发展、学位点建设等问题进一步请教郑老师，得到郑老师的指导。后来西北民族大学民族学与社会学学院院长文化教授也借参加中国社

---

① 郑杭生主编：第一版前言，《民族社会学（第二版）》，中国人民大学出版社 2011 年版，第 2 页。
② 同上。

会学会学术年会、教育部社会学类专业教学指导委员会暨全国社会学系主任联席会议的机会,请郑老师对西北民族大学社会学学科的建设等方面给予大力支持。

2014年8月第五届中国社会发展高层论坛暨北京郑杭生社会发展基金会青年学者论坛在西北民族大学举办,郑老师再一次莅临西北民族大学。西北民族大学非常重视,校长赵德安教授、副校长何烨教授出席会议开幕式,会议期间赵德安校长、何烨副校长、郝苏民教授和郑老师、中国人民大学党委常务副书记张建明教授进行了友好、愉快的交谈。赵德安校长希望中国人民大学能和西北民族大学在学科建设,学术资源、师资队伍建设等方面加强合作,并专门就西北民族大学社会学学科的发展请郑老师和中国人民大学继续给予大力支持与帮助,郑老师有所回应。在这次会议结束时,郑老师在题为"推动社会学学科的校际合作"的闭幕词中说:"在西北民族大学和中国人民大学两校领导的高度重视和大力支持下,达成了两校社会学合作的意向。西北民族大学校长赵德安亲自提议,由中国人民大学社会学理论和方法研究中心与西北民族大学民族学和社会学学院共建北京——兰州两地定期交流的社会学一级学科工作坊,把两校的社会学合作以制度化的方式固定下来。这个建议,得到中国人民大学党委常务副书记的积极响应,达成了意向,责成文化院长和我进行落实。这是一个很大的收获,应该看作是这次两校合办两个论坛的一个重要成果。参会的各位学者和青年学者都是这一事情的见证。我们确实感到很高兴。推动社会学学科的校际合作,应该说也是我们中心每年轮流与不同高校合作举办学术会议的目的之一。"① 可谁能料想

---

① 郑杭生:《推动社会学学科的校际合作——在2014年"中国社会发展高层论坛"闭幕式上的致辞》,参见社会学视野网(http://www.sociologyol.org/yanjiubankuai/tuijianyuedu/tuijianyueduliebiao/2014-12-27/19577.html)。

❖ 附录三 怀念郑老师 ❖

到，这竟然是郑老师最后一次出席论坛会议，最后一次来西北民族大学！

（二）郑杭生先生对《西北民族研究》的肯定与支持

《西北民族研究》定位于社会学、人类学/民族学、民俗学学术期刊，缘于郝苏民教授多年办刊、科研和教学过程中对学科发展、学术研究和人才培养的思考、实践与学术经验的积累，也是承继了费孝通、钟敬文、季羡林等著名学者对《西北民族研究》寄予的厚望。

郑老师自2002年受聘担任西北民族学院客座教授，2009年起担任《西北民族研究》的学术顾问。他对《西北民族研究》的发展很关心、很关注，也非常支持。2009年3月我去北京拜访郑老师前，郝先生嘱咐我"给郑老师带几期新近出版的刊物，适时向郑老师约稿"。我和郑老师见面后，转达了郝先生的问候，递上《西北民族研究》杂志。他问"郝老师好吧，也代我向他问好。我经常能收到这个杂志，你们办的很不错"。他随手又翻阅了目录和部分正文，看到熟悉的朋友杨圣敏教授、董晓萍教授的文章，指出给我看。我提及约稿，他说有合适的就会给你们。2009年7月在西安召开的中国社会学会学术年会上，郑老师在大会主题报告前和我见了一面，我及时说起能否将报告交给《西北民族研究》刊发，他说别处已经约稿了，以后吧！

2010年是费孝通先生诞辰100周年。当年3月的一天，我的师兄、郑老师的学术助手、中国人民大学社会学系副教授奂平清博士给我打电话说"郑老师说郝老师主编的《西北民族研究》多次约稿，一直没有合适的文章，这篇你发给刘荣，请他转交郝老师"。我收到后及时转发给郝先生，郝先生审阅后决定采用让我立即发排，并让奂平清博士转告郑老师。《西北民族研究》2010年第2期刊发了郑老师的《费孝通先生对当代中国社会学所做贡献的再认识》一文。

2011年1月9日著名社会学家雷洁琼先生逝世。郑老师第一时间在社会学视野网发表了"永远牢记雷洁琼老的贡献"的文章，缅怀雷老。我看到这个消息和这篇纪念文章后，向郝先生汇报，问是否可以向郑老师约稿刊发这篇文章。郝先生说"你联系郑老师，此文如没在其他刊物发表的话，我们刊物一定要发表"。我邮件联系郑老师，第二天郑老师就回邮件说，"刘荣，谢谢你和郝老师的好意，可以刊用"。还随附件发来原文。《西北民族研究》2011年第1期刊发了郑老师的《永远牢记雷洁琼老的贡献》一文。在我印象中，郑老师还在一些场合向有的老师介绍《西北民族研究》说，"这个刊物是C刊，论文质量不错"。

后来了解到，创办学术刊物是郑老师学术生涯中的一大心愿，2013年，经多方努力，郑老师担任主编的《社会学评论》正式创刊。2014年8月第五届中国社会发展高层论坛暨北京郑杭生社会发展基金会青年学者论坛在兰州召开，郑老师在郝苏民教授召集的编辑与青年学者座谈会上说，"在办学术刊物方面，郝老师办刊经验丰富，我们是小兄弟，我主要是来学习的"。可以看得出，一方面，郑老师表达了对《西北民族研究》所取得成就的肯定，另一方面也体现了郑老师对学术刊物成长、发展的重视。

（三）郑老师与郝先生的友谊

究竟郑老师和郝苏民教授的交往始于何时？郝先生没给我说过，似乎时间已不再重要。2001年后郑老师与民族学、与民族院校的交往逐渐密切。2002年受邀访问西北民族学院，并受聘担任客座教授。我猜想，可能郑老师自访问过西北民族学院后，就开始与郝苏民教授有学术往来。2005年郝苏民教授陪同赵德安教授在北京拜会郑老师。2006年郑老师和郝先生同时应内蒙古师范大学敖其教授邀请参加学术会议，相聚在内蒙古。后来，郑老师担任《西北民族研究》学术顾问，应约将《费孝通先生对当代中国社会学所做贡献的再认识》、《永远牢记雷洁琼老的贡献》稿件交由《西北民族研究》刊发，2014第五届中国社会发展高层论坛暨北京郑杭生社会发展基金会青年学者论坛由西北民族大学民族学与社会学学院承办。这一系列事情联系起来，看似偶然，实则必然。

作为同代学者的郑老师、郝老师二位先生，虽在学术上各有所重和经营，过程各有机遇相异，但在中国人文社科学科建设上，却都有"异途同归"的共识和实践上的相望。这自然并非巧合。也正是在西北民族大学社会学学科建设与发展、《西北民族研究》的成长和在不同地域各种学术往来活动中，郑老师和郝先生建立起了相互尊重、相互信任的友谊。他们多年间的友谊反过来也促进了两个部门之间社会学学科的进一步发展和社会学学术刊物的互惠关系。

对我个人来说，则是他们友谊的直接受益者。2008年前后，郝先生多次提醒我应该考博士了。后来在他的一再鼓励、支持和极力推荐下，我2011年最终考取华中师范大学社会学院的博士研究生，跟随郑老师攻读社会学博士学位；2014年顺利通过论文答辩、获得博士学位按期毕业。入学前郝先生就对我说，"虽然没能考取中国人民大学，但毕竟还是郑杭生的博士，希望你能在郑老师的指导下学有所成，得到郑老师真传，按期毕业归队，回来好好工作"。郝先生锻炼我、有计划地培养我，实际是他社会学学科建设和师资队伍建设规划的一部分。

三 结语

以上是我在郑老师门下学习和在西北民族大学工作过程中经历的事实，尽管是一些高校里平常事，但一定程度上反映了郑老师对民族院校社会学及其相关的人类学、民俗学、民族学学科发展的关心和支持。

事实上,郑老师怀有一种兼容并包的社会学学科思想,在致力于中国社会学学科建设和发展过程中,这种兼容并包的思想体现在郑老师对社会学相邻学科发展的关注和支持,特别是对民族学、人类学和民俗学等学科发展的支持。郑老师致力于把中国社会学学科做大做强,倡导社会学与相近学科的沟通和合作,大力支持民族学民俗学人类学等相关学科的发展。①

郑老师2002年在第七届全国民族学学术研讨会上的讲话中提出,"加强民族学和社会学的联系十分重要,希望进一步加强。为什么要加强?因为这两门学科有着密不可分的内在联系"②。陆益龙教授撰文说,"对人类学的学科建设,先生希望人类学同仁能将费孝通先生'开风气,育人才'的精神发扬光大。先生在担任国家社会科学基金社会学学科规划和评审组负责人期间,对民俗学和人类学学科的课题研究非常关心。有一段时期内,先生发现社会学学科课题指南中很少有民俗学和人类学的题目,先生曾和我讨论过这一问题,并嘱咐我能否征集和列出一些民俗学和人类学的课题"。③

2003年11月,郑老师代表中国社会学会在中国民俗学会成立20周年庆典上的致词提出,"社会学与民俗学是两门具有密切关联的兄弟学科,二者在历史渊源、学术传统、研究对象以及理论和方法等方面,都存在许多的交叉点。在过去,就已经有不少社会学者和民俗学者一起合作来进行研究,像吴文藻、费孝通等前

---

① 陆益龙:《兼容并包的社会学学科思想——追思郑杭生先生对民族学民俗学等学科发展的支持》,《广西民族大学学报》2014年第6期。
② 郑杭生:《郑杭生社会学学术历程之三——中国特色社会学理论的拓展》,中国人民大学出版社2005年版,第562页。
③ 陆益龙:《兼容并包的社会学学科思想——追思郑杭生先生对民族学民俗学等学科发展的支持》,《广西民族大学学报》2014年第6期。

❖　附录三　怀念郑老师　❖

辈学者那样,把存活于乡间街巷的民俗文化作为极有价值的研究对象。今后,社会学和民俗学这两个学科应该而且必须携手共进,可以期待,在不久的将来将会有一门中国特色的边缘学科——民俗社会学或社会民俗学出现,它应该被看作是社会学或民俗学的一个分支学科"[1]。

作为一名著名社会学家,他的影响实际上已经超过社会学界。董晓萍教授在怀念郑老师的文章中说,"钟敬文先生生前与郑先生有很多学术往来,曾几次邀请郑先生前来参加他主持的中国民俗学的学术会议,倾听郑先生的意见。钟老还在生前指定将郑先生主编的《社会学概论新修》作为北师大民俗学学科培养博、硕士研究生的理论参考书,郑先生也亲自撰写和发表社会学和民俗学交叉研究的文章,前来北师大民俗学学科主办的全国研究生暑校讲课,并在自己主办的《社会学评论》杂志上发表民俗学研究文章,真正开展这方面的探索实践活动"[2]。

郑老师生前曾说,"中国社会学界的一个优良的传统,就是老一辈社会学家大都关心少数民族地区,不少学者曾对少数民族地区做过调查、考察,留下了丰富的成果。学术发展的历史已经证明,忘记起点是找不到正确的轨迹的"[3]。

事实上,郑老师继承和发扬老一辈社会学学者的优良学术传统,30多年来辛勤耕耘于社会学学科领地,在中国特色社会学理论的学派创建、推动学科建设,培养社会学人才,提出理论自觉、把握学术话语权,促进社会学、人类学、民族学和民俗学学科的共同繁荣发展等方面作出了历史性贡献。

---

[1]　郑杭生:《郑杭生社会学学术历程之三——中国特色社会学理论的拓展》,中国人民大学出版社2005年版,第567页。
[2]　董晓萍:《当前建立中国学派的理念与实践——深切怀念郑杭生先生》,《西北民族研究》2014年第4期。
[3]　郑杭生主编:第一版前言,《民族社会学概论(第二版)》,中国人民大学出版社2011年版,第3页。

郑老师生前曾多次在郝先生和后继者们热情操办中来西北民族大学进行讲学和学术交流，指导西北民族大学的社会学、人类学/民族学和民俗学的学科发展与建设。

西北民族大学社会学、人类学/民族学和民俗学学科的发展和成长历程中，得到了郑老师的关心和扶持。我们永远不会忘记郑老师的关爱、支持和上辈学者们之间的这种学术实践上"美美与共"的优良传统！

参考文献

一 著作

[1] [爱尔兰] 瑞雪·墨菲:《农民工改变中国农村》,黄涛、王静译,浙江人民出版社2009年版。

[2] [德] 乌尔里希·贝克、伊丽莎白·贝克-格恩斯海姆:《个体化》,李荣山、范譞、张惠强译,北京大学出版社2011年版。

[3] [德国] 乌尔里希·贝克:《风险社会》,何博闻译,译林出版社2003年版。

[4] [法] 布迪厄、华康德:《实践与反思——反思社会学引论》,中央编译出版社1998年版。

[5] [法] 孟德拉斯:《农民的终结》,李培林译,社会科学文献出版社2010年版。

[6] [美] 阿瑟·刘易斯:《二元经济论》,施炜、谢兵、苏玉宏译,北京经济学院出版社1989年版。

[7] [美] 道格拉斯·凯尔纳、斯蒂文·贝斯特:《后现代理论》,张志斌译,中央编译出版社2011年版。

[8] [美] 亨廷顿:《变革社会中的政治秩序》,王冠华等译,上海人民出版社2008年版。

[9] [美] 刘易斯·科塞:《社会学思想名家》,石人译,中国社

会科学出版社 1990 年版。

[10]［美］罗伯特·海尔布罗纳等：《现代化理论研究》，俞新天、邓新裕、周锦礮译，华夏出版社 1989 年版。

[11]［美］舒尔茨：《论人力资本投资》，吴珠华等译，北京经济学院出版社 1990 年版。

[12]［美］苏黛瑞：《在中国城市争取公民权》，王春光、单丽卿译，浙江人民出版社 2009 年版。

[13]［美］托达罗：《经济发展与第三世界》，印金强、赵荣美译，中国经济出版社 1992 年版。

[14]［英］安东尼·吉登斯、克里斯托弗·皮尔森：《现代性——吉登斯访谈录》，尹宏毅译，新华出版社 2001 年版。

[15]［英］亨利·伯恩斯坦：《农政变迁的阶级动力》，汪淳玉译，社会科学文献出版社 2011 年版。

[16]［英］齐格蒙特·鲍曼：《个体化社会》，范祥涛译，上海三联书店 2002 年版。

[17]《社会学研究》编辑部编：《社会学纪程（1979—1985）》，中国展望出版社 1986 年版。

[18] 费孝通：《乡土中国　生育制度》，北京大学出版社 1998 年版。

[19] 龚维斌：《劳动力外出就业与农村社会变迁》，文物出版社 1998 年版。

[20] 黄平：《寻求生存——当代农村外出人口的社会学研究》，云南人民出版社 1997 年版。

[21] 李培林主编：《农民工——中国进城农民工的经济社会分析》，社会科学文献出版社 2003 年版。

[22] 李强：《农民工与中国社会分层》，社会科学文献出版社 2004 年版。

[23] 李强主编：《中国高校哲学社会科学发展报告（1978—2008）·

社会学》，广西师范大学出版社 2008 年版。

[24]《列宁全集》（第 3 卷），人民出版社 1959 年版。

[25] 刘传江：《中国农民工市民化进程研究》，人民出版社 2008 年版。

[26] 刘敏：《山村社会——西北黄土高原地区社会发展动力研究》，甘肃人民出版社 1998 年版。

[27] 刘敏：《社会发展论》，中国社会科学出版社 2012 年版。

[28] 陆学艺主编：《当代中国社会流动》，社会科学文献出版社 2004 年版。

[29] 陆学艺主编，苏国勋、李培林副主编：《社会学》，知识出版社 1996 年版。

[30] 孙立平：《现代化与社会转型》，北京大学出版社 2005 年版。

[31] 王道勇：《国家与农民关系的现代性变迁——以失地农民为例》，中国人民大学出版社 2008 年版。

[32] 王道勇：《中国农民工的未来》，云南出版集团、云南教育出版社 2013 年版。

[33] 王家宝：《法国人口与社会》，中国青年出版社 2005 年版。

[34] 王章辉：《英国文化与现代化》，辽海出版社 1999 年版。

[35] 王章辉、黄柯可主编：《欧美农村劳动力的转移与城市化》，社会科学文献出版社 1999 年版。

[36] 阎云翔：《中国社会的个体化》，陆洋等译，上海译文出版社 2012 年版。

[37] 郑杭生：《减缩代价与增促进步——社会学及其深层理念》，北京师范大学出版社 2007 年版。

[38] 郑杭生：《中国特色社会学理论的深化（上卷）——"实践结构论"的提出与"理论自觉"的轨迹》，中国人民大学出版社 2010 年版。

[39] 郑杭生：《中国特色社会学理论的探索——社会运行论、社

会转型论、学科本土论、社会互构论》，中国人民大学出版社 2005 年版。

[40] 郑杭生、李强等：《社会运行导论——有中国特色的社会学基本理论的一种探索》，中国人民大学出版社 1993 年版。

[41] 郑杭生、杨敏：《社会互构论：世界眼光下的中国特色社会学理论的新探索——当代中国"个人与社会关系研究"》，中国人民大学出版社 2010 年版。

[42] 郑杭生主编：《社会学概论新修（第三版）》，中国人民大学出版社 2003 年版。

[43] 郑杭生主编：《社会学概论新修（第四版）》，中国人民大学出版社 2013 年版。

[44] 郑杭生主编：《中国社会学 30 年（1978—2008）》，中国社会科学出版社 2008 年版。

[45] 郑永廷等：《人的现代化理论与实践》，人民出版社 2006 年版。

[46] 中国发展研究基金会编：《中国发展报告 2010——促进人的发展的中国新型城市化战略》，人民出版社 2010 年版。

[47] 周晓虹：《现代社会心理学——多维视角中的社会行为研究》，上海人民出版社 1997 年版。

二 论文

[48] Cheng Tiejun & Mark Selden. *The Origins and Social Consequences of China's Hukou System*. China Quarterly, 1994.

[49] Goodman, David S：《西部大开发的战略：国家，省级以及地方的观点》，《中国季刊》2004 年第 178 期。

[50] 安中轩：《从城乡一体化看农民工市民化》，《天府新论》2004 年第 12 期。

[51] 蔡昉:《"十二五"时期中国经济增长新特征》,《青海社会科学》2011年第1期。

[52] 蔡昉:《中国经济改革应如何避免"中等收入陷阱"》,《上海证券报》2013年7月2日。

[53] 陈秉公、颜明权:《论实现农民工市民化的社会公正》,《江汉论坛》2008年第5期。

[54] 陈秉公、颜明权:《马克思主义公正观与农民工在市民化过程中社会公正的实现》,《政治学研究》2007年第3期。

[55] 陈丰:《从"虚城市化"到市民化:农民工城市化的现实路径》,《社会科学》2007年第2期。

[56] 陈丰:《当前农民工市民化的制度缺失与归位》,《南京师大学报》(社科版)2007年第1期。

[57] 陈刚、吕军:《关于我国流动人口公共卫生管理的思考》,《医学与哲学》2005年第8期。

[58] 陈少辉、李丽琴、郑小玲:《60年建构与改革:渐行渐近的农村社会保障制度》,《当代中国史研究》2009年第5期。

[59] 陈映芳:《农民工:制度安排与身份认同》,《社会学研究》2005年第3期。

[60] 池子华:《近代中国社会的转型和流民现象的发生》,《社会科学家》1993年第5期。

[61] 池子华:《中国古代流民综观》,《历史教学》1999年第2期。

[62] 迟福林:《加快基本公共服务均等化》,《学习月刊》2011年第4期上半月。

[63] 迟福林:《让农民工成为历史》,《农村工作通讯》2010年第23期。

[64] 豆小红:《"新质农民工"的市民化与制度性机会》,《青年研究》2006年第3期。

[65] 费孝通：《小城镇 大问题》，《瞭望周刊》1984年第5期。

[66] 冯继康：《"三农"难题视域下的农民工市民化》，《红旗文稿》2008年第11期。

[67] 符平：《青年农民工的城市适应：实践社会学研究的发现》，《社会》2006年第2期。

[68] 符平、江立华：《农民工城市适应研究：局限与突破》，《调研世界》2007年第6期。

[69] 甘满堂：《城市农民工与转型期中国社会的三元结构》，《福州大学学报》（哲社版）2001年第4期。

[70] 高华：《"新生代农民工"市民化过程中工会的职责作用研究》，《中国劳动关系学院学报》2011年第1期。

[71] 高钟：《"推力"、"拉力"之外更需"助力"——中国农民工市民化之历史蜕变途径浅探》，《苏州科技学院学报》（社会科学版）2006年第1期。

[72] 龚长宇：《社区教育：农民工市民化的有效途径——对长沙市开展农民工教育的调查与思考》，《湖南师范大学社会科学学报》2007年第4期。

[73] 郭郁彬、彭刚：《从农民到农民工：经济发展战略下的制度变迁分析》，《广东社会科学》2012年第1期。

[74] 郭正林、周大鸣：《外出务工与农民工现代性的获得》，《中山大学学报》（哲社版）1996年第5期。

[75] 郭志仪、刘晋：《基于农民工"过渡性"特点的刘易斯拐点分析》，《西北人口》2011年第1期。

[76] 国务院发展研究中心课题组、刘世锦等：《农民工市民化对扩大内需和经济增长的影响》，《经济研究》2010年第6期。

[77] 海格·霍彼得：《西部大开发的兴起，思想形成，中央决策和地方所起的作用》，王超译，《中国季刊》2004年第178期。

[78] 韩俊：《农民工新趋势》，《红旗文稿》2008年第9期。

[79] 韩俊：《农民工怎样才能市民化》，《协商论坛》2012年第11期。

[80] 韩跃红、杨云宝：《"十二五"时期破解"三农"问题的基本路径》，《科学社会主义》2012年第2期。

[81] 宏观经济研究院课题组：《"十二五"时期促进农民工市民化的总体思路》，《宏观经济管理》2011年第9期。

[82] 胡宏伟、李冰水等：《差异与排斥：新生代农民工社会融入的联动分析》，《上海行政学院学报》2011年第4期。

[83] 胡杰成：《农民工市民化研究——一种社会互构论的视野》，华中师范大学博士学位论文，2009年。

[84] 胡锦涛：《坚定不移沿着中国特色社会主义道路前进，为全面建成小康社会而奋斗——在中国共产党第十八次全国代表大会上的报告》，人民出版社2012年版。

[85] 黄闯：《非均衡性：新生代农民工市民化的路径分析》，《当代青年研究》2012年第5期。

[86] 黄国清、李华、苏力华、杨同华：《国外农民市民化的典型模式和经验》，《南方农村》2010年第3期。

[87] 黄锟：《农村土地制度对新生代农民工市民化的影响与制度创新》，《农业现代化研究》2011年第2期。

[88] 黄锟：《城乡二元制度对农民工市民化影响的理论分析》，《统计与决策》2011年第22期。

[89] 黄丽云：《新生代农民工市民化中的价值观问题研究——以福建省为例》，福建师范大学博士论文，2012年。

[90] 黄祖辉、钱文荣、毛迎春：《进城农民在城镇生活的稳定性及市民化意愿》，《中国人口科学》2004年第2期。

[91] 江立华：《城市性与农民工的城市适应》，《社会科学研究》2003年第5期。

[92] 江立华：《论农民工在城市的生存与现代性》，《郑州大学学

报》2004 年第 1 期。

[93] 江立华：《农民工转型：市民化与新型农民化》，《中国社会科学报》2013 年 3 月 8 日 A08 版。

[94] 江立华：《统筹城乡发展与农民工的转型》，《学习与实践》2009 年第 3 期。

[95] 景天魁：《底线公平与社会保障的柔性调节》，《社会学研究》2004 年第 6 期。

[96] 孔维军：《论农村流动人口对城乡二元经济结构的影响》，《广西社会科学》2001 年第 1 期。

[97] 李景平、程燕子、汪锐：《新生代农民工市民化的发展路径》，《西北人口》2012 年第 4 期。

[98] 李培林：《城市化与我国新成长阶段——我国城市化发展战略研究》，《江苏社会科学》2012 年第 5 期。

[99] 李培林：《流动民工的社会网络和社会地位》，《社会学研究》1996 年第 4 期。

[100] 李强：《现代化与中国社会分层结构之变迁》，《教学与研究》1996 年第 3 期。

[101] 李强：《影响中国城乡流动人口的推力和拉力因素分析》，《中国社会科学》2003 年第 1 期。

[102] 李强：《主动城镇化与被动城镇化》，《西北师大学报》（社科版）2013 年第 6 期。

[103] 李强、胡宝荣：《户籍制度改革与农民工市民化的路径》，《社会学评论》2013 年第 1 期。

[104] 李迎生：《农村社会保障制度改革：现状与出路》，《中国特色社会主义研究》2013 年第 4 期。

[105] 刘爱玉：《城市化过程中的农民工市民化问题》，《中国行政管理》2012 年第 1 期。

[106] 刘传江：《城乡统筹发展视角下的农民工市民化》，《人口研

究》2005 年第 4 期。

[107] 刘传江：《中国农民工市民化研究》，《理论月刊》2006 年第 10 期。

[108] 刘传江、徐建玲：《"民工潮"与"民工荒"——农民工劳动供给视角的经济学分析》，《财经问题研究》2006 年第 5 期。

[109] 刘传江、程建林：《第二代农民工市民化：现状分析和进程测度》，《人口研究》2008 年第 5 期。

[110] 刘传江、徐建玲：《第二代农民工及其市民化研究》，《中国人口·资源与环境》2007 年第 1 期。

[111] 刘广栋、程久苗：《1949 年以来中国农村土地制度变迁的理论和实践》，《中国农村观察》2007 年第 2 期。

[112] 刘慧芳、冯继康：《"三农"难题视域下的农民工市民化》，《当代世界与社会主义》2008 年第 3 期。

[113] 刘敏：《走向低代价开发：西北开发的历史反思与现实应对》，《社会学评论》2013 年第 2 期。

[114] 刘荣：《试论西北城市农民工市民化问题——以兰州市为例》，《西北民族研究》2014 年第 1 期。

[115] 陆益龙：《1949 年后中国户籍制度：结构与变迁》，《北京大学学报》（哲社版）2002 年第 2 期。

[116] 陆益龙：《户口还起作用吗——户籍制度与社会分层和流动》，《中国社会科学》2008 年第 1 期。

[117] 马桂萍、王芳：《促进农民工市民化的制度安排探析》，《辽宁师大学报》（社科版）2008 年第 6 期。

[118] 缪青：《从农民工到新市民：公民文化的视野和亟待开发的社会工程》，《马克思主义与现实》2007 年第 5 期。

[119] 钱正武：《农民工市民化问题研究》，中共中央党校博士学位论文，2006 年。

[120] 秦晖：《农民工进城影响社会稳定吗》，《农村工作通讯》

2002 年第 10 期。

[121] 秦尊文：《小城镇道路：中国城市化的妄想症》，《中国农村经济》2001 年第 12 期。

[122] 社会管理体制改革研究课题组：《合作主义：城乡社区一体化中的政府、市场与农民的关系》，《华中师范大学学报》（人文社科版）2012 年第 2 期。

[123] 史乃新：《结构域制度视角下的农民工市民化》，《城市问题》2011 年第 11 期。

[124] 唐斌：《"双重边缘人"：城市农民工自我认同的形成及社会影响》，《中南民族大学学报》2002 年第 8 期。

[125] 田凯：《农民工城市适应性的调查与思考》，《社会科学研究》1995 年第 5 期。

[126] 王春光：《农村流动人口的"半城市化"问题研究》，《社会学研究》2006 年第 5 期。

[127] 王春光：《新生代农村流动人口的社会认同与城乡融合关系》，《社会学研究》2001 年第 3 期。

[128] 王道勇、郧彦辉：《农民市民化：内涵、进程与对策》，《攀登》2008 年第 6 期。

[129] 王桂新、陈冠春、魏星：《城市农民工市民化意愿影响因素考察——以上海市为例》，《人口与发展》2011 年第 2 期。

[130] 王慧博：《新生代农民工市民化社会融入风险研究》，《社会科学辑刊》2012 年第 5 期。

[131] 王家范：《中国古代的流民问题》，《探索与争鸣》1994 年第 5 期。

[132] 王兴周、张文宏：《城市性：农民工市民化的新方向》，《社会科学战线》2008 年第 12 期。

[133] 王延中等：《中国农村社会保障的现状与未来发展》，《社会保障研究》2009 年第 1 期。

［134］王竹林：《城市化进程中农民工市民化研究》，西北农林科技大学博士学位论文，2008年。

［135］魏后凯等：《中国城镇化质量报告》，《中国经济周刊》2013年第9期。

［136］文军：《从生存理性到社会理性选择：当代中国农民外出就业动因的社会学分析》，《社会学研究》2001年第6期。

［137］文军：《农民市民化：从农民到市民的角色转型》，《华东师范大学学报》（哲社版）2004年第3期。

［138］文军：《农民市民化》，《开放时代》2009年第8期。

［139］夏显力、张华：《新生代农民工市民化意愿及其影响因素分析——以西北3省30个村339位新生代农民工为例》，《西北人口》2011年第2期。

［140］肖伟、阳慎初：《"80后"农民工消费观念变迁研究》，《长沙大学学报》2008年第3期。

［141］谢建社：《农民工分层：中国城市化思考》，《广州大学学报》（社科版）2006年第10期。

［142］徐增阳、古琴：《农民工市民化：政府责任与公共服务创新》，《华南师范大学学报》（社科版）2010年第1期。

［143］颜明权：《农民工市民化过程中的社会公正实现》，吉林大学博士学位论文，2007年。

［144］杨莉芸：《公民意识：农民工市民化的内在驱动力》，《求索》2012年第5期。

［145］杨敏：《三元化利益格局下"身份—权利—待遇"体系的重建——走向包容、公平、共享的新型城市化》，《社会学评论》2013年第1期。

［146］杨敏：《社会学的时代感、实践感和全球视野——郑杭生与"中国特色社会学理论"的兴起》，《甘肃社会科学》2006年第3期。

[147] 杨敏：《中国社会学的理论创新》，《教学与研究》2008年第6期。

[148] 杨敏、王娟娟：《社会学理论视野中的中国城乡社会变迁——关于〈三元化利益格局下"身份—权利—待遇"体系的重建〉一文的访谈和思考》，《学习与实践》2013年第4期。

[149] 杨竹、陈鹏：《转型期农民工外出就业动机及代际差异——来自珠三角、长三角及中西部农民工的实证调查分析》，《农村经济》2009年第9期。

[150] 易宪容：《"过客"定居可让中国GDP再翻番——城镇化的实质是农民的市民化》，《人民论坛》2013年第2期上。

[151] 俞宪忠：《是"城市化"还是"城镇"化——一个新型城市化道路的战略发展框架》，《中国人口·资源与环境》2004年第5期。

[152] 袁刚：《户籍的性质、历史与我国户籍制度改革》，《学习论坛》2008年第5期。

[153] 詹玲、亚森：《农民工市民化：城乡和谐的着力点》，《中国党政干部论坛》2005年第4期。

[154] 张国胜：《基于社会成本考虑的农民工市民化：一个转轨中大国的视角和政策选择》，《中国软科学》2009年第4期。

[155] 张国胜、杨先明：《中国农民工市民化的社会成本研究》，《经济界》2008年第5期。

[156] 张健：《从"农民"走向"公民"：农民工符号的内涵及农民工问题的本质》，《社会科学辑刊》2008年第2期。

[157] 张经伦：《新生代农民工市民化进程中的权益保障政策研究》，华中师范大学硕士学位论文，2011年。

[158] 张素薇：《现代农村流动人口与传统流民之间的差异——从发生条件上考察》，《学习月刊》2010年第5期下旬刊。

[159] 张玮：《新生代农民工市民化过程中在城市定居问题研究》，

四川社科院硕士学位论文，2012年。

[160] 张英红：《二元户籍制：半个世纪的城乡冷战》，《城乡建设》2001年第7期。

[161] 张雨林：《县属镇中的"农民工"——江苏省吴江县的调查》，《社会学通讯》1984年第1期。

[162] 张志胜：《发展主义：新生代农民工市民化的另一种诠释》，《广东青年干部学院学报》2011年第2期。

[163] 张智勇：《农民工市民化的代际实现——基于农户兼业、农民工就业与农民工市民化比较的视角》，《江汉论坛》2009年第11期。

[164] 赵立新：《城市农民工市民化问题研究》，《人口学刊》2006年第4期。

[165] 郑杭生：《警惕"类发展"困境——社会学视野下我国社会稳定面临的新形势》，《中国特色社会主义研究》2002年第3期。

[166] 郑杭生：《农民市民化：当代中国社会学研究的重要主题》，《甘肃社会科学》2005年第4期。

[167] 郑杭生：《现代性过程中的传统与现代》，《学术研究》2007年第11期。

[168] 郑杭生：《中国社会研究与中国社会学派——以社会运行学派为例》，《社会学评论》2013年第1期。

[169] 钟水映、李魁：《农民工"半市民化"与"后市民化"衔接机制研究》，《中国农业大学学报》（社科版）2007年第3期。

[170] 周小刚：《中部地区城镇化进程中农民工市民化问题研究——以江西为例》，南昌大学博士学位论文，2010年。

[171] 周小刚、陈东有：《中国人口城市化的理论阐释与政策选择：农民工市民化》，《江西社会科学》2009年第12期。

[172] 周晓虹：《流动与城市体验对中国农民现代性的影响——北

京"浙江村"与温州一个农村社区的考察》,《社会学研究》1998年第5期。

[173] 朱力:《论农民工阶层的城市适应》,《江海学刊》2002年第6期。

[174] 朱启臻、马腾宇:《不同类型农民工市民化诉求》,《农村金融研究》2011年第4期。

[175] 朱信凯:《农民市民化的国际经验及对我国农民工问题的启示》,《中国软科学》2005年第1期。

[176] 朱勋克、汪雁、刘蕾:《新生代农民工及其市民化研究述评与展望》,《中国劳动关系学院学报》2012年第3期。

[177] 邹农俭:《农民工如何市民化》,《江苏社会科学》2013年第2期。

三 网站及报纸

[178] http://news.xinhuanet.com/politics/2006-04/13/content_4418618.htm

[179] http://www.gsgaw.gov.cn/jlhd/rdwd/1222699.shtml

[180] http://www.lz.gansu.gov.cn/zjlz/lzgk/lzgk/. 2013年10月21日。

[181] http://www.stats.gov.cn/tjfx/jdfx/t20130527_402899251.htm

[182] http://www.gs.xinhuanet.com/xinqu/2012-05/15/c_111952462.htm

[183] http://www.gsjtw.cc/Videoworld/cwgz/20130225/215930.html

[184] http://gsfzb.gansudaily.com.cn/system/2013/03/08/013742846.shtml

[185] http：//news. xinhuanet. com/politics/2011－01/07/c_ 12956290. htm

[186] http：//politics. people. com. cn/n/2013/0521/c70731－21563492. html

[187] 甘肃省统计局、国家统计局甘肃调查总队，《2012年甘肃省国民经济和社会发展统计公报》，《甘肃日报》2013年4月1日。

[188] 甘政办发〔2013〕102号文件，《甘肃省人民政府办公厅关于印发〈甘肃省县域义务教育均衡发展督导评估实施办法（试行）〉的通知》。2013年6月9日。

[189] 国家统计局，《中华人民共和国2013年国民经济和社会发展统计公报》，2014年2月24日发布。

[190] 国家统计局2013年5月27日发布《2012年全国农民工监测调查报告》。

[191] 国务院扶贫办，《实施西部大开发的基本情况》，2006年4月13日。

[192] 新华网，《国务院关于进一步推进西部大开发的若干意见》。

[193] 杨婷：《有个人群叫农民工》，《中国经济时报》2004年10月27日。

后　　记

　　本书是根据我的博士论文修订而成的。在本书即将出版面世时，我要首先感谢已于2014年11月9日逝世的导师郑杭生先生。记得在博士论文选题时，我将选题缘由写邮件给老师，约半小时后，郑老师打来电话与我讨论论文选题，足见老师对学生的负责与重视。论文从选题到最终完成，每一步都倾注了郑老师的心血，离不开先生的指导。作为郑先生的关门弟子，一年多来，时时会想起郑老师和我们在一起的时光。谨以此书献给郑老师！

　　2011年，老师不嫌愚钝，将我纳入郑门。在我刚入学还不到一周时，郑老师趁到武汉出差的机会，电话约我们新入学的学生见面，短暂的见面交流，就指明了我们今后学习和努力的方向，深刻感受到恩师对学生的期望。郑老师治学严谨、胸怀宽广、师德高尚、视野开阔，虽居学术高位，却平易近人，在点点滴滴中教我们学做人，做学问。老师经常对我们讲"方向正确，品德高尚，学问扎实，身体健康"。这是做人的根本和做学问的基本要求，也是我今后继续努力的方向和遵循的基本原则。

　　在华师求学的三年中有幸聆听到夏玉珍教授，江立华教授，向德平教授，杨敏教授，陆汉文教授，李亚雄教授，徐晓军教授等各位老师的高论，获益匪浅。在开题报告会上，老师们毫不保

❖ 后　记 ❖

留地指出不足，提出尖锐的问题，给出可行的建议，让人茅塞顿开。在此向各位老师致谢。感谢论文匿名评审专家给予论文的评阅和修改意见。感谢以钟涨宝教授为主席组成的答辩委员会，各位老师提出了非常中肯的意见和修改建议，我已在修改中部分采纳，但种种因素所限还未能完全体现所有意见，当在后续的研究中继续深化和补充。

记得有人说过，每个人成长过程中，在某一阶段若遇到贵人相助，可能会使人少走许多弯路。在工作和学习生活中，我就遇到了这样的人，他们让我少走了弯路，还改变了我的命运。2004年，我获硕士学位后从西北师范大学毕业。西北民族大学郝苏民教授按照有关程序，经考核将我接收到当时的社会人类学·民俗学学院（现民族学与社会学学院）任教。郝先生虽位居西北，但学术视野前沿，既了解学科发展方向，又具备丰富的教学经验。他培养我、锻炼我，又非常关心我，不断地鼓励、更多地是鞭策。他已然是博导，却全力支持我外出拜名师攻读博士学位深造，进一步提升理论水平、拓展学术视野。我在华师的三年时间中，郝先生有意减少了我的工作，让我专心研读，时刻提醒、督促，论文的完成离不开郝先生。在本书出版面世之际，郝先生冒着酷暑应允为拙作赐序，令人感动。向郝苏民先生致以崇高的敬意和诚挚的谢意！

感谢我的硕士导师陈晓龙教授。陈老师学术眼光敏锐，为人洒脱做事干练。读硕士期间，他对我学术上严格要求，但却时时鼓励我，不给我压力，让我三年硕士生活非常充实。感谢硕士导师组刘敏研究员、王宗礼教授、贾应生教授、李朝东教授等人，尽管我硕士毕业已十余年，但他们还时时在关注我的成长，在学习和工作中继续帮助我，支持我。各位老师言传身教，让我受益终身，我为能有这样几位老师而自豪。感谢西北师范大学给我改变命运的机会，硕士期间各位老师彻底帮我改变了命运，我对

"读书改变命运"深有体会。

感谢师兄中国人民大学奂平清副教授,西北师范大学岳天明教授、李怀教授,深圳大学周林刚教授,兰州理工大学饶旭鹏教授,浙江财经大学童志峰博士,北京工业大学宋国恺博士,他们都以各自的方式关心和帮助我。论文过程中曾与杭州电子科技大学李庆真博士和广西大学緱文学博士交流过,在此致谢!

桂子山上幸遇王力平、黄诚、邹鹰、郭云超、王卫城、覃志敏、向家宇、陈宇、祝晓亮、秦恒等同学。我们课时认真讨论交流,课后天南海北互通有无。我们互相帮助关心,同学情谊难忘。我在读硕士期间就认识力平,华师三年,既是同门舍友,又来自祖国西北,生活习惯相近,兴趣相投。想起我们一起南下武汉,备战华师,后来同天复试又同天入住华师。入学后,有机会东去上海、杭州,南下昆明、南宁,以文会友,一路上有说有笑,心情倍爽,同学之情值得记忆。感谢好友张文政、张勇、代瑾、刘伟和同学王兴东、卢小增以及我的几位学生,在实地调研和论文期间,诸位或帮我收集数据与资料,或为调研提供极大的方便。感谢接受调查的农民工朋友及部分市民朋友。

本书的部分章节内容曾分别在《中国社会科学报》《西北民族研究》《社会工作》《生产力研究》等报刊公开发表,向以上报刊及编辑老师表示感谢!

感谢西北民族大学民族学与社会学学院院长文化教授和马丽英副院长为本书出版给予大力支持和协助!感谢学院各位领导、同事的帮助与支持!

感谢我的家人。父母年迈身体不太好,但一直帮我照顾小孩,分担家务,哥哥时刻提醒,妹妹默默支持,都是我求学的动力和精神支持。妻子王岩,承担了大量家务和抚育儿子的责任,都是为了让我能安心学习、顺利完成学业。

特别感谢中国社会科学出版社田文编审对本书付梓作出的

后 记

努力。

  由于水平所限，书中定有这样那样的不足或错误，敬请读者不吝赐教，提出宝贵意见。

刘　荣

2016 年 6 月 30 日于兰州